I0459169

Áy los Ángeles Hablan

EDICIÓN REVISADA - VOLUMEN 1

REBECCA J. STEIGER

Leavitt Peak Press

ISBN: 978-1-969865-07-7 (sc)
ISBN: 978-1-969865-08-4 (e)

Rev. date: 09/25/2025

Tabla de Contenidos

Dedicación

Douglas D. Brown
4 de agosto de 1942 – 8 de noviembre de 2010

He conocido a muchas personas maravillosas en mi vida. Sin embargo, hay una que tocó tantos corazones y abrió tantas puertas para los demás. Esa persona fue Douglas D. Brown, mi hermano, mi amigo y un hombre común que disfrutaba de la vida.

Tenía cáncer en etapa cuatro, que consumía su cuerpo pero nunca su valentía ni su mente. Pasó su vida aprendiendo y estudiando todo lo que pudo, sobre cualquier cosa que pudiera encontrar. Abrió su mente a posibilidades nuevas y desconocidas. Se encargaba del manejo de vida silvestre, pero lo que más disfrutaba eran los animales y aves en su propio jardín. Escaló montañas en todo el mundo. Esquiaba, montaba bicicleta y disfrutaba todo lo que la naturaleza tenía para ofrecer. Era un espíritu libre, aunque muy diferente a mí.

Después del fallecimiento de Doug, los Ángeles lo trajeron a verme y me dio este hermoso mensaje. Estaba con mi padre, quien falleció en noviembre de 2007. Escuché su voz tranquila mientras hablaba.

Dijo: "Estaba caminando cuesta arriba sin otro destino que volver a casa con aquellos a quienes amo."

Pidió que cuidáramos de su esposa, que la incluyéramos en nuestras vidas y que él viviría a través de ella. Me pidió que dedicara mi vida a seguir ayudando a quienes lleguen a mí. Comprendía mi llamado y todo estaba claro. Amaba a todos los miembros de esta familia.

Debo decirles, desde mis propias experiencias personales, que uno nunca muere. Tu forma física queda atrás, pero cuando vienen los Ángeles, solo cambias de ropa y regresas a casa. Sigues viviendo en otra forma, de una manera diferente. Cruzas el velo y vives entre dos mundos, el Cielo y la Tierra. En realidad, no hay diferencia, ¿ven? La Tierra es una extensión del Cielo.

Así que me despido de mi hermano y mi amigo, de la vida humana de Doug, y espero poder verlo y escucharlo más, en forma espiritual. ¡Amándote siempre, mi maravilloso hermano!

Prólogo

He conocido a Rebecca durante muchos años y muchas vidas. Durante un tiempo, en el transcurso de su viaje, ella tenía el proverbial cubo cubriendo su luz. Fue necesario un tornado para despejar el desorden y una intervención de amor, para llevarla a comprender sus preciosos dones y lo que está destinada a hacer.

Este libro es un peldaño para Rebecca en su camino hacia convertirse en la persona radiante y abundante que es. Al escribirlo, ha iluminado el camino para todos nosotros. ¡Disfrútenlo!

Mary Lou Ridge, ND, LMT +

Prefacio

Siendo la persona intuitiva que soy, siempre supe que iba a escribir un libro. Totalmente diferente a este, iba a contar todo sobre todos los que conocía, ¡algo más parecido a una "telenovela"!

En aquel entonces viajaba mucho, y tenía un montón de historias sexuales y escandalosas sobre todos los que me rodeaban. Sin embargo, para mi sorpresa, el Espíritu me sacó de mi zona de confort, me sacudió un poco y me dejó caer al suelo. Y sí, comencé a escribir, ¡pero sobre algo de lo que no sabía absolutamente nada!

En 1993, estuve en un tornado con mi nieto de cuatro años, que se aferraba a mi pecho. Fuimos lanzados fuera de una casa, aterrizando en un campo, ¡debajo de una antena parabólica! Durante ese momento, ya sea porque me desmayé o porque perdí el conocimiento, me encontré ante Dios (el Ser Supremo) y Su juicio. Mi cuñada, que ya había fallecido, se asomaba sobre Su hombro y dijo: "No ahora, Señor; ella aún tiene muchas cosas por hacer."

Pasé un tiempo preguntándome qué era eso que se suponía que debía hacer, o para lo que estaba destinada. Tenía miedo de que, en cualquier momento,

Dios decidiera que no estaba haciendo las cosas correctamente y me llevara a casa. Ahora lo sé. Lo que pensé que había sido lo peor y más aterrador que me había pasado… ¡en realidad fue lo mejor! Me trajo muchos dones y bendiciones.

Poco después del tornado, mi nieto hablaba de nuestros Ángeles Guardianes. "Ya sabes", decía, "los que vimos durante el tornado." Yo simplemente le daba la razón y seguía adelante, sin darme cuenta de que él también podía ver a los Ángeles… y los veía realmente.

Un día, mientras conducía con una amiga por un camino de grava, cerca del cementerio donde está enterrado mi abuelo, de repente vi a un enorme Ángel parado en medio del camino. Su túnica púrpura y sus alas gigantes eran un verdadero espectáculo. Le pregunté quién era, y me dijo: "Cervihel", mi Ángel Guardián. En ese momento pensé primero: "Nunca he oído hablar de Cervihel" y segundo: "¿Me estaré volviendo completamente loca?"

Cuando llegué a casa, llamé a mi vecina Patti; ella tenía muchos libros sobre Ángeles, pero no pudo encontrarlo en ninguno de ellos. Finalmente, buscó en internet. Y por supuesto, allí estaba. Cervihel es un Ángel de fortaleza. ¡Él ayudó a David a vencer a Goliat!

Entonces pensé: "¡WOW! Realmente he visto a un Ángel…"

Después de eso, empecé a ver Ángeles por todas partes, literalmente en todos lados: alrededor de otras personas, en el cielo, en los árboles y en los campos. ¡Qué regalo tan maravilloso me fue otorgado!

Un día, estaba en la bañera y los Ángeles me bombardearon con información, diciéndome cosas en las que nunca había pensado antes. Dos horas después, finalmente pude salir de la bañera. Empecé a escribir, y cuando escribía, ellos hablaban aún más rápido. A veces era realmente difícil seguirles el ritmo. Tenían tanto que decirme y habían esperado hasta que estuviera lista para recibir esa información.

Entonces no solo descubrí a mis propios Ángeles, sino que también pude decirles a los demás quiénes eran sus Ángeles y guías. Los Ángeles me dan información sobre los problemas en la vida de una persona que le impiden avanzar en su camino. Nunca me he equivocado al canalizar mensajes para otros.

Un día, mientras canalizaba para una chica que acababa de conocer, vi a su madre fallecida sobre su hombro derecho. Le describí cómo era su madre. Y efectivamente, apareció tal como era cuando fue más feliz en su vida terrenal. Tenía un mensaje para su hija, y yo se lo transmití. Para mi sorpresa, ¡ella sabía exactamente de qué se trataba! Entonces, el canal de conexión con el "más allá" se abrió.

Alguien me preguntó qué pensaba sobre la meditación, que debería aprender a meditar. Salí afuera y vi un arcoíris; era brillante y hermoso. Lo siguiente que supe fue que ya estaba guiando meditaciones para otras personas, ayudándoles a mantener el equilibrio y dándoles una dirección positiva en sus vidas. Todo esto simplemente aclarando mi mente y pidiéndole ayuda a los Ángeles. Así que ahora no solo medito, sino que también realizo meditaciones guiadas para ayudar a otros.

Desde que estuve en el tornado, sentí energía sanadora en mis manos, y todos decían: "Ah, ¿entonces haces Reiki?" Mi respuesta era: "No, no lo hago." Sabía lo que era el Reiki porque mi vecina y amiga Patti es Maestra de Reiki, al igual que su hermana Mary Lou.

Luego, un día que trabajaba para un quiropráctico, llegó un paciente con problemas graves, y me llamaron a la parte trasera, a una sala de examen, para hacerle trabajo energético. No sabía que este hombre de muchos dones era también Maestro de Reiki. Después de que fue a la recepción a pagar su factura, me preguntó cuánto tiempo llevaba practicando Reiki. Entonces tuvimos una conversación, y él (quien ahora es un querido amigo) me dio mis iniciaciones en Reiki I y II. Fue un regalo maravilloso. ¡Abriendo más canales de sanación para los demás! Además, comencé a recibir más información para mis clientes mientras trabajaba con ellos. Podía ver qué órganos estaban bloqueados, dónde se encontraba el problema en su camino, y así poder ayudarles mejor en su proceso de sanación.

Sigo recibiendo y sanando a otros a través del Reiki; creo firmemente en el trabajo con energía. Un día, mientras Patti me hacía una sesión de Reiki, recibí mi iniciación como Maestra a través de Jesús. ¡Quién mejor para darte una iniciación! Cuando me levanté de la camilla y le conté a Patti mi experiencia, ella estuvo de acuerdo en que había llegado el momento de completar mi maestría. Ahora soy Maestra de Reiki, y utilizo esa energía cada día para ayudar a los demás.

Bueno, pensé que ya había abierto todo lo que había por abrir. ¡Error! Entonces comencé a ver a los Maestros Ascendidos y letras muy pequeñas impresas que se archivaban dentro de mi mente. Por más loco que esto suene, este libro es un regalo de los Ángeles para ti. El Espíritu me envió de regreso para escribir esta obra, canalizada por los Ángeles, para ti.

Agradecimientos

Quiero agradecer a muchos de aquellos que me brindaron ánimo, amor y comprensión.

Un agradecimiento especial a Mary Lou Ridge, quien siempre ha estado presente y ha sabido entenderme.
A Pat Montgomery, quien fue la primera en compartir mi experiencia con los Ángeles.
A Garry, quien me aceptó tal como soy.
A mis dos maravillosos hijos, Amy y Andy, con quienes comparto mi vida.
A mis cinco nietos adorables.
A mis padres, por ser quienes son.
A Steven, cuya sabiduría es inmensa.

Deseo agradecer a todas las personas que he conocido, sean buenas o malas, porque mi conocimiento proviene de todas las experiencias vividas. Les agradezco a todos por compartir mis vivencias en este camino de la vida.

Un agradecimiento muy especial a aquellos que me vieron como una persona cuerda, y no como

alguien que había perdido totalmente la razón,
cuando verdaderamente comenzó mi viaje. Su
comprensión y paciencia me ayudaron a sanar
y me dieron evidencia concreta de que existe
una fuerza mucho mayor que nos rodea.

¡Gracias a todos ustedes!

CAPÍTULO UNO

Cómo te percibes a ti mismo

¡Cómo te perciben los demás no importa! Lo que realmente importa es cómo te percibes a ti mismo. La humanidad está a punto de experimentar una gran "decepción" entre unos y otros.

Cuando escribí este libro por primera vez, los Ángeles me dijeron que "los bombardeos apenas comenzaban" y que mucho más vendría a nivel mundial. Qué razón tenían. Hemos sido duramente golpeados por terroristas que han creado distracciones. Han aparecido nuevos grupos terroristas. No tengas miedo, pero tampoco bajes la guardia. Esto es una purificación del mundo. Muchos buenos partirán; Dios no está contento con lo que ocurre actualmente y está enviando Su ira de muchas maneras distintas. Sequías, hambre, tormentas, mares embravecidos; las montañas se derrumbarán y caerán; los océanos se alzarán con furia. Le hemos dado la espalda a Dios y a lo que Él tenía planeado para nosotros.

Vivimos con miedo a la muerte y a la destrucción. Y así, hemos llamado y creado nuestra propia destrucción. Esto durará cincuenta años, y luego llegará una limpieza; prevalecerá la paz mundial. No habrá guerra nuclear por ahora —esperemos que tampoco en el futuro. Las potencias lo verán.

Los Espíritus se están reuniendo por aquellos que se quitan la vida. Muchos se quedarán para observar la vida y los errores que hemos creado en esta Tierra y en el universo. Debemos reparar la Tierra y el universo para poder vivir en él mil años más. El fin de este tiempo se acerca; pero llegará un nuevo tiempo, mejor, aquí en la Tierra.

El velo se está abriendo para quienes estén dispuestos simplemente a atravesarlo, a ver el otro lado y entender lo que la humanidad debe hacer para salvar esta Tierra y el universo. Volver a las antiguas costumbres y cuidar la Tierra no es una mala manera de comenzar. Eliminar los químicos y la contaminación, no solo de la Tierra y el universo, sino también de la humanidad, de las mentes y los cuerpos. Esto prolongará la vida de uno mismo. Vive en el ahora y en el conocimiento. Estás aquí para guiarte a ti mismo y a los demás hacia el presente, hacia el saber que tú creas. Algunos están detrás y otros por delante. Viaja por el universo y la Tierra, para ayudar a quienes lo necesitan y están en dificultades. Tu abundancia llegará de muchas maneras, algunas extrañas para ti. Mantén el flujo de abundancia y siempre acéptalo con amor.

Algunos están en su camino y saben quiénes son. Otros juzgan con demasiada dureza, pero no pueden tener éxito yendo por ese camino. Nos juzgamos a nosotros mismos más que a los demás.

Al sanar con éxito el cuerpo, también sanas la mente a través del Espíritu. Debes ser más flexible con quienes te rodean y que no siempre comprenden. Ellos están en un bosque del cual aún no han salido. Temen a quienes necesitan ayudar, pero ayudarse a sí mismos es el primer paso. Así que no te enfoques en el "cuándo"; pues ellos alcanzarán su grandeza a su debido tiempo, dependiendo de las decisiones que tomen en su camino. Pueden prolongarlo o hacerlo llegar antes; es su elección. Se aferran a un precipicio, pero no lo necesitan.

Recuerda, las cosas nunca terminan; simplemente siguen girando como las ruedas de una carreta. Estás por encima de cualquier reproche cuando hablas más con el Espíritu. Ten una gran compasión por todos los seres vivos. Recuerda enfocarte aunque sea por un breve momento cada día.

Entonces sanarás todas las cosas y tendrás compasión por todo lo que hay en esta Tierra. Aquellos que elijan vivir, recibirán los dones de Dios. Úsalos sabiamente. Ellos te han traído hasta aquí y te llevarán mucho más lejos, a medida que crezcas.

Toca la Tierra y sana el suelo (es como un abrazo matutino), y así lograrás enraizarte. Puedes volar con los Ángeles y viajar por el espacio hacia lugares desconocidos para el ser humano. Deja siempre que el Espíritu te guíe hacia aquellas cosas que necesitan tu amor, atención y sanación; viviendo en el momento presente, volviendo a la antigua forma de vida.

Tú generas tu propio miedo y desconfianza hacia los demás que se aferran a ti; deja ir eso. Se te ha dado suficiente energía para todos. No estás cansado, simplemente perezoso, temiendo al hombre que te dice que todo está mal. ¡Que te empujen hacia afuera no es un problema! Siempre tienes lo que necesitas para crecer.

Entonces, no te entregarás a nadie y a todos al mismo tiempo. Los poderes que gobiernan saben lo que está ocurriendo, pero no pueden detener al terrorista que será descubierto en su camino hacia Cuba. Su fuerza continúa, y seguirá; sin ellos, vendrán nuevos hombres aún más peligrosos y corruptos, que intentarán apoderarse de todo. Obsérvalos deslizarse en la oscuridad, la oscuridad de las mentes humanas, jugando con sus miedos y hambrientos de más conocimiento y un lugar para esconderse. Las personas no pueden esconderse del mundo injusto. Solo pueden combatirlo con amor y sanación, expandiendo su conciencia y su espíritu, elevando a toda la humanidad y avanzando hacia la vida al dar el paso hacia la luz. Porque tu tarea está aquí y es inminente. Expándete a ti mismo y tu dirección se volverá más clara e intensa.

Momento Metafísico de Rebecca

Dios creó los Cielos y la Tierra, y luego te creó a ti para que disfrutes de esta vida celestial.

CAPÍTULO DOS

La creación de ti

Los años de luz están llegando, despertando el alma y conectándote con Dios, sanando a todos los que te rodean. Tu ser físico se vuelve más brillante, la noche se transforma en día para ti. Brillarás como la luna y las estrellas y te convertirás en un ser celestial. Porque, verás, ya eres un ser celestial. Fuiste creado por Dios a través de tus padres y traído a la Tierra por el Espíritu. La conexión humana fue lo que transformó tu luz en oscuridad.

Tu mente es lo más poderoso que posees. Procesa tus pensamientos, da las órdenes a los nervios y músculos del cuerpo. Crea la forma en que te mueves y reaccionas ante una situación determinada, todo enseñado por el hombre.

Has dejado de lado la voluntad de Dios porque has sido entrenado por el hombre para reaccionar y pensar como hombre, no como Dios lo tenía planeado. Te has apegado a lo material y no a las cosas espirituales que Dios ha provisto aquí en la Tierra. Solo usamos la mitad de nuestro cerebro, sin permitir que la otra mitad se manifieste o funcione. Esto entonces sobrecarga el corazón y genera enfermedades en el cuerpo. Te llenas de miedo, creando la enfermedad. Si al menos por unos minutos al día permites que funcione el lado derecho de tu cerebro, se abrirá el chakra del corazón y permitirá que entre la luz del amor, creando una nueva experiencia llamada amor, que ingresará al cuerpo e iniciará el proceso de sanación a través del amor y del Espíritu de Dios. Primero debes sanar la mente y estar abierto a recibir la sanación del cuerpo.

Crea una imagen mental, visualizando una luz blanca brillante sanando la mente y el cuerpo. Haz que fluya a través del chakra de la corona, bajando por todo el cuerpo y saliendo por tus pies y manos. Si te dices a ti mismo que estás sanando y que estás sanado, entonces así será. Alivia el estrés que tu mente ha creado y transferido al cuerpo, entonces tus problemas comenzarán a desvanecerse y empezarás a ver las cosas con mayor claridad. Los colores se volverán más brillantes y nítidos, y la alegría reemplazará tu estrés.

Agitar la mente es algo bueno y te hace sentir vivo. ¿Sabes por qué? ¡Porque estás vivo y tus pensamientos te pertenecen solo a ti! Tu mente debe ser controlada únicamente por ti. El hombre puede quitarte todo lo que tienes, ¡pero no puede quitarte tus pensamientos! Dios te dio tu mente, no el hombre, así que gira tu cerebro y comunícate con Dios usando el lado derecho de tu cerebro de vez en cuando, y verás cómo el lado izquierdo comienza a enviar señales diferentes al cuerpo y a todas las cosas y personas que te rodean. Este es tu regalo de Dios, el creador del espíritu. El hombre es quien roba el espíritu, vaciando nuestras mentes, quitándonos el espíritu y llenando nuestra mente con codicia, estrés y enfermedad. El hombre crea nuestro proceso de pensamiento para seguirlo a él y no a Dios, manipulando nuestras mentes para temerle a Dios y a todas las cosas buenas, creando enfermedades para su propio beneficio.

Y todo esto cuando ya tenemos el conocimiento necesario para crear buena salud dentro de nosotros mismos y una conexión amorosa con todas las cosas a través de Dios, tal como lo quería tu espíritu divino. ¡Todo esto se logra utilizando la otra mitad de tu cerebro y unos pocos minutos al día, manteniendo viva y en crecimiento la conexión con Dios, permitiendo que la luz de todas las cosas se refleje a través de ti!

Entonces brillarás en la oscuridad de la noche, y también a través de la oscuridad del día. ¡Todo es posible mediante el amor de Dios y tu mente! Crecer a través del espíritu es verdaderamente conectar la mente, el cuerpo y el espíritu con todas las cosas. A través del amor de Dios y de nuestras mentes, podemos crear un mundo nuevo lleno de paz alrededor del mundo, derribando los falsos ídolos del hombre. Escuchando a nuestro espíritu divino y viendo quiénes somos realmente, no quienes el hombre dice que somos. Cuidado con los falsos profetas. Míralos más allá de lo que aparentan y hasta lo profundo de sus almas, y encontrarás oscuridad, miedo y una visión limitada del mundo. Haz tu mundo más grande enviando amor y sanación al mundo, caminando más allá del falso profeta, venciendo el mal a través del amor y conectando tu espíritu con el Espíritu de Dios. Abriéndote a todos los pensamientos que creas en tu mente. Nunca estarás equivocado cuando permanezcas en la luz.

Comparte este lugar celestial llamado vida en forma humana con otros, a través de tu conciencia espiritual, con cosas divinas provistas por tu espíritu divino. Al estar en tu propia luz, el falso profeta no tendrá luz y desaparecerá en la tuya. ¡Qué ser tan poderoso eres en verdad!

Al exfoliar las células muertas del cerebro, has creado nuevas y más poderosas células cerebrales que te guiarán en tu camino. Has creado un brillo dentro de tu propio ser. Cuando haces esto, los demás te mirarán de forma diferente y ¡te seguirán! Deja que tu corazón te guíe y tu mente te impulse en todo lo que hagas.

Momento Metafísico de Rebecca

Sé consciente de todas las cosas que te
rodean en esta vida abriendo la
mente y el corazón.

CAPÍTULO TRES

Abriendo la mente y el corazón

Ahora es el momento para que las personas abran sus mentes y sus corazones a todas las posibilidades, para cambiar su forma de pensar, para abrir sus mundos haciendo lo necesario en la forma más verdadera de esta vida: escuchando a su ser interior, a la conexión con el Espíritu. Nunca estarás equivocado al hacer esto. El instinto o chakra raíz se manifiesta, el corazón se expresa, y la cabeza también, todo en unísono. Trae las respuestas a través de tu conexión espiritual y no del hombre. Vivimos este momento para hoy, no para mañana ni para ayer. Vive en el momento de la verdad, y cuando experimentes aunque sea un solo momento de verdad hoy, justo ahora, cambiarás tu vida para siempre. Verás que todo cambia y la luz aparecerá, incluso si solo puedes ver esa luz por unos minutos hoy y sentir la alegría y la paz que te trae. Entonces continuarás buscando y tocando esa luz mañana.

¡Qué regalo tan maravilloso nos ha dado el Espíritu aquí en la Tierra! Poder alcanzar más allá de nosotros mismos hasta Dios a través de un espacio tan pequeño como un punto de luz y tan grande como el universo, cambiando nuestros caminos en la vida, dándonos esperanza para el presente y el futuro, llevándonos a un plano superior, a un concepto más elevado, transformando nuestros patrones de pensamiento, eliminando nuestros miedos a lo desconocido, y haciéndonos intervalos de tiempo y espacio, donde no existe el tiempo.

El tiempo es una ilusión creada por el hombre. La luz es un espectro del ser, una guía hacia el yo interior, hacia el otro lado de nuestro pensamiento, de nuestro ser. Ahora realmente podemos conocer nuestro yo espiritual en forma humana. Entonces, todo empezará a cambiar porque tu manera de ver las cosas cambiará, y la sanación de uno mismo comenzará. Algunas cosas perderán su importancia; otras comenzarán a manifestarse en algo más grande y positivo. Así que abre los chakras y permite que el proceso de pensamiento cambie. Tus oraciones serán entonces respondidas, eliminando el miedo y el auto duda, conociendo el lado positivo de la vida, deshaciéndote de ese "NO PUEDO" que forma parte del lado negativo. Permite que la abundancia del Ser Espiritual en ti te rodee y te proteja, dándote el conocimiento y el poder que realmente mereces, creando así una persona poderosa conectada con la Tierra y el universo, como todos deberíamos estarlo.

Nada da miedo cuando las luces están encendidas y te permiten ver.

Solo la oscuridad alberga el miedo invisible.

Al estar en la conciencia de la luz y rodearte de ella, crearás un mundo nuevo y diferente. Así que, aunque sea solo por unos minutos, limpia tu mente y concéntrate en nada. Al enfocarte en ti mismo y permitir que los pensamientos, imágenes y colores fluyan, se te revelarán las respuestas que estás buscando. No temas a la verdad; abrázala y celebra las soluciones que están en ti y en tu vida. Un cambio en la fuerza de la luz dentro de ti te abre a un reino de posibilidades. Puede cambiar tu situación laboral y matrimonial, trayéndote más amor y abundancia. Pero primero debemos amar y aceptar quiénes somos. Debemos llenarnos de lo positivo, dejando ir lo negativo y recargando nuestras baterías mientras somos humanos y aceptamos a Dios y Su presencia; el Dios dentro de nosotros, sea quien sea para cada uno. Él está tocando a tu puerta; por favor, ¿no responderás a Su llamado y abrirás la puerta para expandir y prolongar tu vida, convirtiéndote en alguien alegre, feliz y en paz con todas las cosas en esta Tierra?

¿Acaso no vemos a Dios en todas las formas y tamaños? Todos venimos en diferentes formas y tamaños. ¿Acaso no luchamos, cada uno a su manera, por ser perfectos y agradables, cuando en realidad ya somos todos perfectos porque Dios nos creó así? Cuando tomas una salida equivocada en la autopista, ¿no das giros y vueltas para volver a ella? Entonces, ¿por qué quedarse perdido en la vida cuando todo lo que tienes que hacer es dar la vuelta y regresar a la autopista de la vida? ¿Simple? Sí, las cosas más simples que puedes hacer son aceptar quién eres, quién puedes llegar a ser y encontrar el espíritu dentro de ti. ¿Cómo? Recuerda enfocarte y escuchar a tu yo interior, viajando a través del tiempo y el espacio, llevándote hacia una forma más positiva y productiva de hacer las cosas, todo logrado con la conexión entre el corazón, la mente y el espíritu.

El predicador dice: "¿¡No quieres subir al AUTOBÚS!?"

¡Yo digo: "¡al demonio, no!"

Quiero conducir mi propio autobús. Quiero ser dueña, aunque no tenga nada más, de mi propia vida, mi propia mente y mi propio corazón. Entonces sí, verdaderamente seré guiada hacia Dios en el espíritu de conciencia y amor.

Lo más cercano a lo "nuevo" que alguna vez tendremos es nuestro propio cuerpo. Cada día tenemos sangre nueva, células nuevas, piel nueva, cabello nuevo, uñas nuevas y pensamientos nuevos. Somos nuevos y completos en cada segundo de cada día.

Momento Metafísico de Rebecca

Construir un puente en tu vida es como extenderte y tocar el otro lado de ti mismo.

CAPÍTULO CUATRO

¿Se nos ha negado la oportunidad de conocer al Espíritu?

Dios está esperando que veamos los milagros que ocurren a nuestro alrededor cada día. El milagro del nacimiento, el milagro de usar nuestra mente libremente, el milagro de la belleza que vemos en las flores, el milagro de la vida. Pero, ¿vemos estas cosas como milagros y regalos de Dios? No, la mayoría del tiempo no. ¿Por qué? Porque damos todo por sentado. No pensamos en cómo serían nuestras vidas sin todos esos pequeños milagros que recibimos cada día. Somos como la esposa de Lot, esperando convertirnos en una estatua de sal. ¿Por qué? Porque no podemos ver; hemos sido entrenados para no ver. El hombre nos dice qué es bueno o malo; qué milagros podemos ver y sentir. El hombre nos dice que, por tener poca fe y conocimiento, no podemos ver.

No vemos los milagros cuando suceden a nuestro alrededor todos los días. Dios nos envía mensajes cada día. ¿Podemos verlos o escucharlos? No, porque no abrimos nuestro corazón ni tenemos suficiente fe en nosotros mismos para ver estas cosas. No somos conscientes de nuestro entorno, de nuestra energía ni de la energía de los demás. Simplemente, ¡no tenemos fe! Tenemos fe mezclada con miedo. Aun así, no logramos ver los milagros que nos rodean, como los amigos, la familia, o el hecho de buscar dentro de nosotros el amor hacia el prójimo.

El barco de la realidad se ha alejado demasiado de la orilla, y no hay redes de seguridad ni cuerdas de amarre. ¡Patrañas! La única red de seguridad que tenemos está en el amor y la protección de Dios. Pero tú dirás: "El hombre me protegerá y me preparará para encontrarme con Dios y los seres celestiales." Bueno, piénsalo de nuevo. El hombre no puede prepararte; tú tienes que prepararte por ti mismo. Dios ya ha perdonado tus llamados pecados; ¿cuándo lo harás tú? No elijas al hombre, elige al Espíritu; el único que realmente importa. El Espíritu da la vida o la quita, y crea los milagros que nos rodean. El Espíritu es el único que nos ama incondicionalmente. Todo lo que tenemos que hacer es compartir nuestro corazón con Él y con los demás. Todo lo que tenemos que hacer es decir en nuestro corazón: "Gracias" o "Te amo, Espíritu de Dios". Eso es todo lo que necesitamos para aliviar nuestras cargas, sentir alegría y plenitud, y comenzar a sanar nuestro cuerpo, mente y espíritu.

Escucha el milagro de un pequeño pájaro cantor. ¡Oh, qué alegría y belleza rodean a esa pequeña criatura! Porque canta el mensaje de amor del universo del Espíritu para ti.

¡Recibe el regalo, que se te da libremente!

Las presiones del día a día pueden hacer que se desvanezca la guía diaria del Espíritu. Concéntrate en tu intención y celebra tus soluciones. Sobre todo, participa en la vida y en el hecho de estar vivo. Esta es verdaderamente tu tierra y tu vida; todo te ha sido dado como un campo de juego; todo se te entrega libremente a través de Dios. A través del Espíritu, todas las tareas se convierten en alegría, todo dolor se transforma en paz. Enfócate hacia adentro y ten fe en que el Espíritu de Dios escucha todo y nos devuelve todo cada día, creando milagros simples para que los disfrutemos. Y recuerda que Dios también está dentro de nosotros y conectado con cada uno de nosotros.

¡El alma nunca muere! Nos unimos nuevamente en nuestros cuerpos espirituales después de esta vida; ¡en el cuerpo de seres celestiales!

Momento Metafísico de Rebecca

Al abrir el chakra del corazón y permitir que fluya el amor, sentirás todo el amor que te rodea.

CAPÍTULO CINCO

Canal de amor

Un canal de amor nos rodea, incluso ante la muerte de un ser querido, como un miembro de la familia. Al abrir nuestros canales, podemos recibir la abundancia del amor. Cuando alguien muere, todos lloran lágrimas de tristeza. No han abierto sus canales de amor. Aunque su ser querido haya cruzado al otro lado, su espíritu aún puede verse y sentirse cuando el canal de amor está abierto.

Abrir la conciencia y permitirte sentir verdaderamente no es una pérdida, es amor. Esto continuará a lo largo de nuestras vidas. Se siente a través del espíritu y del corazón. Nuestras líneas de comunicación verdadera siempre están abiertas; lo único que debemos hacer es estar dispuestos a recibirlas. Al no poner límites ni construir muros a nuestro alrededor, nos volvemos verdaderamente libres y no nos enredamos en una red de miedo. Siempre sentiremos una sensación de pérdida por la forma física, pero siempre podremos comunicarnos con la forma espiritual de la vida eterna.

Concéntrate en quien se ha ido y con quien deseas comunicarte. Llámalos (como si fuera una llamada telefónica de larga distancia) y ten esa conversación con ellos a través del amor y la guía espiritual de tus Ángeles. Llenará tu corazón de tanto amor. Comprenderte a ti mismo es la clave. Toma acción y abre tu mente, puedes convertirte verdaderamente en la persona poderosa que estabas destinado a ser. Esto no es un truco. Es simplemente estar abierto a recibir el mensaje de un ser querido que ha regresado a casa antes que nosotros. ¡Qué regalo tan maravilloso se nos ha brindado!

He tratado con muchas mujeres que tienen el rostro de Ángeles pero el corazón de serpientes. Una estaba involucrada en las artes oscuras, otra tenía una relación incestuosa, y otra era una chica fiestera que iba de hombre en hombre. Recuerda: no puedes servir a dos señores, ¡solo a uno!

Convertimos la vida en un infierno en esta Tierra celestial. Pero no para eso fue creada. A través de mi trabajo con estas personas, de una manera amorosa y positiva, ellas han vuelto a dedicar sus vidas a aprender y a aceptar el amor del Espíritu, expulsando los demonios de la mente.

Nuestros pensamientos a veces pueden controlarnos, en lugar de nosotros controlar a ellos. Y entonces, estamos totalmente fuera de control. La carne sigue a la mente. ¿Interesante? ¡Claro que sí! Recuerda que Dios escucha tus pensamientos las

24 horas del día, como si le estuvieras hablando o rezando. Así que, antes de pensar algo negativo, detente y reprograma tu mente.

Cuando un pensamiento perturbador entre en tu mente y surjan problemas en la superficie, ¡DETENTE! Concéntrate por uno o dos minutos y entrégale esos problemas a Dios y a los Ángeles. Siente lo mucho más liviano que te vuelves, y cómo ese problema desaparecerá. Sin lucha. Solo el Espíritu sabe lo que es mejor para nosotros, no el hombre. No estás rebelándote contra el hombre, simplemente estás siguiendo tu propósito espiritual. Ábrete, recibe los verdaderos dones de Dios y encuentra un propósito en la vida. Te sorprenderá lo mucho más saludable que te volverás, y también libre de problemas, porque el Espíritu habrá tomado esas cargas y las habrá liberado, como debe ser.

Ahora, soy como un bulldog, que no suelta cuando debería. Puedo sacudir un problema hasta matarlo, y finalmente, cuando ya estoy agotada, se lo entrego a los Ángeles, quienes disuelven el problema rápidamente. ¿Por qué? Porque no me gustan los problemas. Manifestamos lo que obtenemos, y hay momentos en que manifestamos problemas. Eso nos da excusas, ¡y no hay excusas válidas! Eso nos mantiene dentro de la caja o del bote, y nunca salimos de ahí. Pero sí, tenemos muchos amigos (que también están cargados de problemas) y tenemos muchos consejos o simpatía, lo cual nos alimenta a nosotros y a todos los que están en el bote contigo. ¿Eso no te hace sentir mejor, más valioso o más amado? ¡TONTERÍAS!

Eso nos impide llegar a la luz y encontrar nuestro verdadero yo, ¡nuestro propósito! Así que, ¡al diablo con eso! Toma el control de tu vida y de tu destino, cumple tus sueños y cambia tu forma de pensar. Acepta al Espíritu y al reino angélico. Conviértete en una persona íntegra, en la persona poderosa que estabas destinada a ser, simplemente abriendo tu conciencia.

Estamos aquí para aprender. Solo aprendemos a través de las lecciones que se nos enseñan, y cada persona que encontramos en nuestro camino nos trae un regalo o nos deja una lección. Busca esas cosas. Mantente abierto(a) a recibirlas con gratitud. A su vez, siempre les devolverás el regalo del amor. En ese momento, literalmente habrás cambiado la marea y sanado heridas más profundas dentro de ti.

REBECCA J. STEIGER

Momento Metafísico de Rebecca

Cortar los lazos nos libera de la caja,
mostrándonos que existe una mejor manera.

CAPÍTULO SEIS

No seas un muñeco sorpresa

¿Eres del tipo de persona que necesita que alguien más te dé cuerda para salir de tu caja? ¿Y luego dejas que tiren de tus hilos hasta que llegue el momento en que te vuelvan a meter en la caja? Todo el tiempo estás feliz de hacer lo que te dicen, porque crees que eres la persona perfecta, el esposo perfecto, la esposa perfecta, el empleado perfecto. Todo eso está bien, pero ¿quién eres tú? ¿Cuáles son tus sueños? ¿Cuál es tu destino? Piensas que eso es todo. No es fácil, pero crees que así es. Me ocuparé de mí más adelante. Haré algo diferente más adelante. ¡Ahora tengo que hacer esto por ellos!

Bueno, déjame decirte una cosa... No tienes que hacer nada.

¿El estrés te está matando? ¡Sí! Pero eres tú quien se está matando. ¿Realmente te estás cuidando y amando a ti mismo? ¿Puedes pararte frente a un espejo y decir: "Me amo. Amo quién soy, y amo cómo me veo. Amo lo que hago"? Si no puedes hacer esto, ¿cómo podrías amar verdaderamente a alguien o algo más? ¿Amas a Dios o al Espíritu (o como prefieras llamar al Ser Supremo)? ¿O pasas la vida temiendo a Dios o al Espíritu? ¿Rezaste hoy? Bueno, la respuesta es sí; sí rezaste. Todos lo hacemos, para Dios o el Espíritu. Él escucha cada pensamiento y cada palabra que piensas y dices, y conoce cada pensamiento y palabra que has dicho alguna vez.

Hablamos con nuestro Dios todo el tiempo. Entonces, ¿cómo cambia eso tus pensamientos y palabras? ¡UPS! No lo sabías, ¿verdad?

El hombre dice que debes temer a Dios y hacer el bien, o Dios te castigará por ser tú mismo, por ser diferente. ¡Error! Al amar a Dios y verdaderamente abrir el Dios que vive en ti, te llenas de paz y amor, de pie en la luz dorada de sanación. Es como estar en un prado lleno de sol y flores, recibiendo verdadera paz y abundancia que nos rodea a todos. Hoy estamos aquí para mostrarte cómo alcanzar y sentir el verdadero amor del Espíritu. ¡Voy a abrir tu canal hacia Dios y el reino angélico! Esto hará posible todas las cosas, incluso amarte a ti mismo tal como eres, completar y cumplir tu destino, abrir tu camino, responder tus preguntas, ¡y liberarte del muñeco sorpresa!

Primero, déjame decirte que Dios o el Espíritu está en cada uno de nosotros. Mira a la persona que está junto a ti y podrás ver a Dios. Mira esta Tierra, una extensión del Cielo, y verás un lugar celestial.

Mírate en el espejo y verás verdaderamente un milagro hecho a imagen de Dios, cumpliendo con la obra de Dios. Te enseñaremos a jugar, vivir, reír y amar. Estamos aquí para aprender, para recibir regalos de quienes nos rodean.

Así que vamos a darte la oportunidad de abrir tu conciencia y sacarte del pasado, para que camines hacia la luz de un futuro brillante y nuevo. ¡La decisión es tuya!

Cada persona que conocemos nos trae una lección o un regalo. Aprende de la lección y recibe los regalos con gratitud. Cuando abrimos la caja, comenzamos el proceso de sanación de la mente, el cuerpo y el espíritu. Entonces podemos abrazar la vida y sentir la paz y la alegría de cada día. ¡El miedo y el temor desaparecerán! Las tareas mundanas se volverán divertidas. Cambiaremos el simple hecho de existir por verdaderamente vivir la vida.

Recuerda: ¡no puedes servir a dos señores! ¡Solo a uno! La elección es tuya. La única elección verdadera es el Espíritu de Dios. No las leyes del hombre, sino las leyes de Dios, que son totalmente amorosas. Y sí, hay reglas que seguir, un horario que cumplir… ¡y un autobús que tomar!

Únete a nosotros en este viaje hacia la gloria, llenando tu vida con el amor inesperado, la luz, la paz y la alegría que la sanación traerá.

Ahora, déjame contarte sobre mi despertar y mi encuentro con Dios, al estar de pie ante Él y ver mi vida repasada en Su presencia suprema: el tornado, mi conexión con los Ángeles, mi milagro, mi renacer, mi certeza de que todo es posible y de que todas las cosas pequeñas son grandes.

¡El Cielo está aquí, y nos rodea! No hay "deberías", solo decisiones. ¡Y la elección es tuya! Puedes vivir una vida más plena, más fácil y más completa a través del amor del Espíritu. Avanza, sal de la oscuridad y entra en la luz de Jesucristo. Tus días se llenarán de expectativa y maravilla por todas las cosas sobre esta Tierra, aquietando la mente y escuchando a Dios, oyendo las maravillas del universo, comenzando una vida nueva cada día y desechando los relojes: tenemos todo el tiempo del mundo… y más.

Llénate de energía; tenemos toda la energía del universo a nuestra disposición.

Sanando y uniendo la mente, el cuerpo y el espíritu, verás que todo lo que has hecho en tu vida te ha traído hasta aquí. No hay errores, solo caminos equivocados que nos enseñan las lecciones de la vida. Agradece los errores y las lecciones. ¡Celebra las soluciones! Te mostraré lo simple y divertida que puede ser la vida cuando abres la conciencia. Los colores serán más brillantes cuando abras la conciencia. Las sonrisas reemplazarán los ceños fruncidos y los problemas serán simplemente otra lección que nos permitirá recibir un regalo al final.

¿Y cómo es posible todo esto?

Simplemente soltando y conectándote con Dios a través del amor —no con la fuerza, sino con el amor— abriendo la conciencia y conectando el corazón y la mente, simplemente sintiendo y reconociendo tu ser espiritual. ¡Todas las respuestas a tus preguntas sobre la vida están dentro de ti! Porque eres un ser poderoso y capaz de crear el vida que realmente estabas destinado a vivir, la persona que verdaderamente fuiste puesta en esta Tierra celestial para ser.

¡Soy una vidente! Veo las cosas que han bloqueado el pasado de una persona y que le han impedido avanzar hacia el futuro. Veo a Dios y a los Ángeles. Veo las maravillas y los problemas de la vida. Estoy aquí para guiar y servir a todas las cosas sobre esta Tierra. Qué gran y maravilloso privilegio, y qué regalo tan extraordinario se me ha dado. Tú también tienes dones. ¿Cuáles son?

Después de hoy, ¡espero que encuentres tus dones y que abras los regalos que Dios te ha dado! La elección es tuya. Yo solo puedo mostrarte el camino; tú debes hacer el trabajo para recibir el regalo. La elección es tuya. Acepta el regalo, estando de pie en la gloria del Espíritu. Todo es posible, creando equilibrio, abundancia y sintiendo el amor de nuestro Creador Supremo mientras usamos la sabiduría ancestral de los Ángeles para ayudarnos a guiarnos. A ellos les encanta ser llamados, porque ese es su propósito. Ve el humor en tu vida, ríe y regocíjate con los Ángeles.

La risa es uno de nuestros dones más preciados, sana y nos completa. Libera al espíritu y le permite volar. La risa es contagiosa. Cuando sonríes desde dentro, irradias al instante una energía de luz maravillosa que afecta a todo lo que te rodea. La vida se vuelve más fácil, los colores más brillantes y las personas más cálidas, atrayendo no solo a ti hacia la luz, sino también a quienes te rodean. No solo te sanas a ti mismo, sino también a los demás. Abre un canal de energía amorosa, llevándote al monte con Jesús. Esto te eleva a una mayor conciencia de ti mismo, permitiéndote experimentar la emoción del verdadero amor mientras respetas tu cuerpo, lo cuidas y lo sanas, haciéndote más consciente de la energía que te rodea.

Alimentarás pensamientos de amor hacia los demás al alimentar pensamientos de amor hacia ti mismo.

Momento Metafísico de Rebecca

Todos estamos hechos de los mismos ingredientes.
En cómo los uses, se define en quién te conviertes.

CAPÍTULO SIETE

Cómo preparar un
pastel de carne

Carne molida, cebolla, huevo, salsa de tomate, algo que lo mantenga todo unido; hornear a 325 grados por una hora.

Todos tienen la misma receta y todos los ingredientes se pueden comprar, pero ¡juntar los ingredientes es la parte más difícil! ¿No estás de acuerdo? Preparar un pastel de carne también requiere tiempo, requiere disposición a intentarlo. Se hace con amor. Los ingredientes perfectos, el molde perfecto... todo debe ir junto. ¿Y no es lo mismo con la vida? ¿Trabajas para hacer que tu espacio, tu vida, sea perfecta, que esté "justo bien"? ¿Sigues las leyes del hombre y vives con el miedo de simplemente existir? ¿O te aventuras a lo desconocido y buscas dentro de tu ser divino las respuestas? ¿O dejas que el hombre te diga todo lo que necesitas saber? Si haces esto último, ¡estás equivocado! El hombre solo puede decirte lo que él sabe y quién es él, no quién eres tú, ni lo que tú sabes, ¡ni siquiera lo que tú crees! ¡Solo el Espíritu lo sabe!

Fuiste enviado a esta Tierra, esta hermosa extensión del Cielo, un lugar que llamamos hogar, para aprender, para dar y recibir de los demás. ¿Has encontrado tu hogar aquí? ¿Realmente has disfrutado del hogar en el que vives? ¿Encuentras paz mental, disfrute? Una casa es un refugio, un techo sobre tu cabeza diseñado para ¿qué? Para mantenerte a salvo, abrigado, seco y así sucesivamente. Tu verdadero hogar puede estar en cualquier lugar cuando el cuerpo, la mente y el espíritu están alineados y son uno solo. Solo puedes vivir dentro de lo que Dios ha creado para nosotros, de los dones que Él nos ha dado. ¡Y aun así le temes! Pero es una eternidad tan llena de amor. Él es el padre, la madre y el hijo que habitan dentro de todos nosotros. Reúne los ingredientes, mézclalos bien y déjalos cocinar hasta que estén listos… ¡y entonces mira en qué te has convertido!

No tendrás miedo. Te volverás más vivo a través del amor, no solo por ti mismo, sino también por los demás. Somos una extensión del cuerpo celestial. Nosotros hacemos de nuestras vidas un Cielo o un infierno. Creamos la imagen a través de la mente, nuestros pensamientos y palabras, el odio y el miedo. Entonces, la vida puede convertirse en un infierno. ¡Cambia todo lo anterior y la vida se convierte en Cielo!

Cuando te sientas desafiado, cuando se te presente una lección, ¡busca y recibe el regalo! ¡No intentes arreglarlo antes de que se rompa! Una pequeña pieza es un todo por sí misma. Todo depende de cómo lo veas. Corta los lazos que te pesan y ¡permítete volar! Rompe las ataduras y fuerzas que nos mantienen en el miedo y el odio. Mantén cerca de tu corazón el amor por ti mismo. ¡Todos merecemos más de nosotros mismos! Todos merecemos amarnos, porque tenemos todo el tiempo del mundo. Podemos hacer lo que deseemos, en nuestro propio tiempo, no en el del hombre. ¡Desecha lo que no pertenece a tu mundo! Porque todos creamos nuestro propio mundo. Es increíble para mí que creemos nuestro propio mundo y aun así tantos no puedan vivir en el mundo que han creado. Bueno, si no puedes, tienes todo el tiempo del mundo para cambiarlo y redirigir tus energías. Enfócate y cambia ese mundo que se siente tan incómodo para vivir, usando los ingredientes dados por Dios: la mente, el cuerpo y el espíritu.

Renuncia a las cosas debilitantes como el miedo, el odio y la depresión. ¡Literalmente te sanarás a ti mismo y te convertirás en un verdadero hijo del Espíritu! Entonces serás completo y moldeado por ti mismo, ¡listo para hornearte y convertirte en la persona perfecta que estás destinado a ser!

Te sugiero que te abraces a ti mismo y al menos a una persona más cada día. Convierte los ceños fruncidos en sonrisas, las pruebas en triunfos. ¡Siembra semillas de crecimiento y cosecha regularmente! Baila contigo mismo, canta con los Ángeles ¡y siente la vida! ¡Siente el verdadero poder del Espíritu! Literalmente aumentarás tu energía en un 100%, ¡y más aún! Todo lo que necesitas para hacer un ¡pastel de carne fabulosamente perfecto ya te ha sido entregado GRATIS! ¡Bon appétit!

Aquí tienes algunas sugerencias para un "tú" más feliz:

- ¡Haz una lista de las cosas que te hacen feliz! (Haz más de estas.)
- ¡Haz una lista de las cosas que te hacen infeliz! (Deshazte de ellas.)
- ¡Escribe sobre el momento más feliz de tu vida!
- Piensa en tu momento absolutamente favorito.
- Enumera tus comidas favoritas.
- Piensa en tu persona favorita. (Pasa más tiempo con él o ella.)
- Haz una lista de tu música favorita. (Escúchala más seguido.)

Momento Metafísico de Rebecca

A veces la vida y la mente están demasiado silenciosas. Necesitamos levantar el velo de la depresión y el silencio para dejar que la luz brille y hacer algo de ruido. Sigue al sol y deja que los Ángeles te guíen a través del pensamiento interior.

CAPÍTULO OCHO

La mente puede jugar
bromas graciosas

Un minuto estás en lo alto, feliz, sintiéndote genial.
Al siguiente, la mente da un giro, todo desaparece y
la depresión se instala como una piedra.

¿Por qué? Porque nuestros procesos mentales
lo permiten. Nos dejamos caer y deprimir. Nuestra
energía literalmente decae. ¿Por qué? Porque espera-
mos tener éxito en la vida, cumplir con las expectativas de todos, cuando en realidad ya tenemos todo lo
que necesitamos para cuidar de nuestra mente y nuestro cuerpo. Sobrecargamos la mente y nos atrapamos
intentando mantenernos al día con lo que se proyecta
como nuestra vida. Lo que vemos en las películas y
en la televisión es lo que creemos que debemos vivir.
¡Qué equivocados estamos! La mujer bonita consigue
al príncipe encantador… ¡y el príncipe encantador se
convierte en sapo!

Siempre estamos buscando nuestro verdadero propósito en la vida, en todo momento, ya sea de manera consciente o inconsciente. Estamos allá afuera buscando, cuando lo que realmente necesitamos hacer es comunicarnos con nosotros mismos, conectarnos con la naturaleza (nuestro regalo de la Madre Tierra), mirar hacia lo alto al Espíritu que nos rodea y ver que nuestro propósito es lo que somos ahora. Deja de acumular los "¿y si…?", vive en este momento y haz lo que es correcto para ti. Eres único(a) a tu manera. Cuando la vida te da limones, celebra el regalo y haz limonada. Acepta la presencia de Dios y usa tu mente para enfocarte en el amor que te rodea, haciendo que tu mente trabaje a favor de tu grandeza. El ahora; no la ilusión de lo que el hombre dice que eres, sino lo que realmente eres, rodeado(a) por la abundancia de la vida, lleno(a) de amor y grandeza.

Recuerda, eres un ser poderoso. Si estás centrado(a) y con los pies en la tierra, entonces puedes volar y alcanzar dentro de ti mismo a través de la meditación, y ser el ser poderoso que verdaderamente eres.

¿Alguna vez has intentado simplemente ser? No asumir más responsabilidades, no juzgar a otra persona, no esperar que alguien haga algo (eso también es una forma de juzgar), no despreciar a alguien o algo. La mayoría de las personas vive más o menos de la misma forma. ¡NO LO HAGAS! Eso destruye la vida. Tienes que cambiar esa idea por: "No me gustan sus formas". Recuerda, ellos también están en su propio camino y también están allá afuera buscando su pasión en la vida y quiénes son realmente.

Todos somos cazadores. Cada uno de nosotros está buscando la felicidad, la grandeza, la vida, un alma gemela, trabajo, paz, etc. Los cazadores deben ser muy silenciosos y escuchar para encontrar respuestas en la búsqueda de la vida, de lo contrario regresan con las manos vacías. Aprende de esto, escucha a tu ser interior y deja que el corazón te guíe y la mente te impulse.

¡Acepta! Acepta todo lo que eres y todo lo que puedes llegar a ser en esta vida, en este paraíso celestial. No te limites. Todo es posible. Ahora es el momento de volverse consciente de uno mismo, de comenzar los cambios mentales dentro de ti; respétate y ámate en la forma única en la que fuiste creado(a). Mira a los demás con respeto por quiénes son y por lo que representan, sin importar qué. Visítate a ti mismo, conoce quién eres. Al ponerte en contacto con tu verdadero yo, el tú real, aprenderás más sobre esta persona y sobre el papel que estás destinado(a) a desempeñar en esta vida.

La aventura es maravillosa, y la pureza de la persona divina que eres se desplegará y emergerá como las alas de una mariposa. Qué espectáculo tan magnífico; un verdadero milagro de la vida.

Momento Metafísico de Rebecca

Estira tu lado creativo, usa tu imaginación
y crea la vida que deseas.

CAPÍTULO NUEVE

Realidad consciente

La realidad consciente no es algo que tengamos que perseguir, ¡porque entonces estaríamos persiguiendo una irrealidad!

La realidad consciente no se esconde de nosotros. ¡Somos nosotros los que nos escondemos tan bien de nosotros mismos!

Nosotros, como seres humanos, tenemos miedo de mirar dentro de nosotros. ¿Por qué? Porque nadie nos ha dicho que podemos hacerlo. Lo que nos han dicho o programado para hacer es escuchar a los demás (al hombre). Y es en ese momento cuando dejamos de escucharnos a nosotros mismos. ¿Qué verás? ¿Qué errores cometeremos, qué decisiones equivocadas? ¿No hacemos esto todos los días? Lo hacemos cuando no nos abrimos a nosotros mismos, cuando nos tememos, cuando intentamos hacer lo antinatural o hacer lo que alguien a quien le hemos entregado nuestro poder nos dice que hagamos.

Confía en ti mismo y abre tu corazón. Apaga la televisión, deja el celular y bloquea el ruido exterior que llena tu vida. Solo entonces encontrarás la verdadera paz interior.

Confía en ti mismo para vivir tu realidad, no la de alguien más que no eres tú. Ellos solo te ven como quieren verte. O quizás, ni siquiera te ven en absoluto. Tienes que tomar el control de tu propia realidad y convertirte en la persona poderosa y grandiosa que estás destinado(a) a ser.

No hay un cambio de roles en la vida, solo un despertar del espíritu para ver la realidad. Se cometerán errores. Sin embargo, comprenderás las lecciones y podrás recibir los regalos al entender por qué se cometieron esos errores.

¿Confuso? No, ¡en absoluto! Pero la buena noticia es que has recuperado el control de tu destino, tu realidad y tu vida, sin juicios ni miedo. Te vuelves más positivo(a) en las cosas que haces, ganando confianza y la capacidad de tomar decisiones sobre tu vida mientras traes alegría a tu alma y sanas la mente y el cuerpo al abrir la fuente espiritual que tienes dentro de ti. Esto, literalmente, te impulsa hacia un tipo de vida diferente, apreciándote a ti mismo y a quienes te rodean, haciéndote íntegro, completo y uno con Dios.

Tememos al nacimiento y a la muerte. Tememos vivir porque no confiamos en nuestro Señor Dios. Solo confiamos en el hombre que nos habla de Dios, pero no confiamos lo suficiente en nosotros mismos como para ver nuestro ser divino ¡y realmente tocar nuestro propio espíritu! A través de la oración y la meditación, sostenemos la luz. Esto nos sana mental, física y espiritualmente. Cuando despejas tu propio camino, la risa y la felicidad te rodearán, y llevarás a otros hacia la luz, a través de tu propia luz.

Momento Metafísico de Rebecca

Cuando oramos, estamos hablando con Dios. Cuando meditamos, abrimos la puerta para que Dios nos hable.

CAPÍTULO DIEZ

Meditación: La forma más pura de oración

A través de la meditación, combinamos el cuerpo, la mente y el espíritu. Al limpiar la mente, ¡creamos una experiencia hermosa y maravillosa!

Nos relajamos, profundizando dentro de nosotros mismos y descubriendo un canal hacia el alma. Liberamos el estrés y la energía negativa tóxica, reemplazándolos con amor desde el corazón y llenándonos de alegría y asombro. Esto nos rodea con la luz sanadora mientras experimentamos la verdadera paz, viviendo en el momento y abriéndonos a la presencia de Dios. Ahora tenemos una experiencia totalmente nueva. No sentimos miedo ni ira. Sentimos amor propio y plenitud a través del amor de Dios. ¡Y sabemos, en ese momento, que nunca estamos solos! Somos parte del Espíritu y el Espíritu está en cada uno de nosotros.

Sabemos que no hacemos nada malo, que todo y cada experiencia que hemos tenido, buena o mala, nos ha conducido a este punto. Sabemos cómo aceptarnos y cómo aceptar los cambios que necesitamos hacer, pero la decisión, por supuesto, es nuestra. Sabemos que Dios es real y vive en cada uno de nosotros, aunque todos vemos a Dios de manera distinta. Pero lo importante, después de saber esto, es: ¿qué debemos hacer con ese conocimiento? ¡Nada!

Si tomamos unos minutos cada día para despejar los espacios en nuestra mente, la presencia de Dios se volverá más clara para nosotros. A través de la meditación, podemos hablar directa y claramente con Dios, recibiendo las respuestas que necesitamos para mantener nuestro bienestar físico, mental y espiritual. Dios nos da conocimiento, poder y libertad para hacer cualquier pregunta en cualquier momento, y la libertad para recibir la información que necesitamos en cualquier instante. ¡Qué regalo tan maravilloso! Cuando un regalo se convierte en realidad, entonces se convierte en verdad, y la verdad es lo que realmente nos hace libres. Entonces, tenemos a alguien con quien compartir nuestras experiencias y alguien que no juzgará nuestras acciones. Veremos la verdad en todas las cosas, lo cual nos ayudará en momentos de estrés, ira, dolor y enfermedad. ¡Nunca estamos realmente solos! Tenemos a alguien que nos muestra nuestro camino y una mejor forma de vivir, y simplemente lo hacemos a través de la meditación.

Es en ese momento cuando podemos dejar ir el miedo, el estrés, la enfermedad, la ira y la tristeza —la lista continúa. Entonces podemos sentir la sanación y el cambio dentro de nosotros, y ver a los seres poderosos que realmente somos.

Todo lo que tienes que hacer es disfrutar del proceso a través del autodescubrimiento.

La meditación es el vínculo directo con tu fuente divina.

Recuerda que no importa qué tipo de meditación practiques, ¡lo importante es que medites! Llega a lo más profundo de ti mismo y toca tu Espíritu Divino, a través de la forma más pura de oración.

"¡No rompas la conexión!"

Momento Metafísico de Rebecca

¿La negatividad ha puesto tu vida de
cabeza? Aprende a voltear la moneda,
convierte lo negativo en positivo.

CAPÍTULO ONCE

Transformando la energía negativa en positive

¡Recibimos energía negativa de muchas formas! A veces, es enviada intencionalmente hacia nosotros por alguien que está enojado o por alguien que quiere hacernos daño, daño deliberado. Otras veces, la recibimos de personas simplemente negativas que están a nuestro alrededor, ya sea por elección o no. ¡Los celos también son una forma muy poderosa e intencional de enviar energía negativa y oscura! Debemos entender que hay personas a nuestro alrededor que no viven ni piensan desde la luz de lo positivo. ¡Sé consciente de las energías que te rodean!

Todos conocemos personas con las que no nos sentimos cómodos. Vamos a algún lugar y sentimos que algo no está bien. Pues bien, esa es la energía negativa que sentimos y que nos genera ese sentimiento de incomodidad.

Las personas pueden desarrollar todo tipo de enfermedades debido a la energía negativa que absorben a su alrededor, incluyendo problemas cardíacos, cáncer e incluso derrames cerebrales. ¡A veces, la gente muere repentinamente! Recuerda: la energía negativa se adhiere al órgano más débil, al que está más expuesto y vulnerable. Lo sé, la mayoría de las personas no son conscientes de las energías que las rodean. Sin embargo, sí son conscientes de la enfermedad cuando no se sienten bien, cuando están deprimidas o cuando se rompe la comunicación con otras personas o consigo mismas. ¡No creas que no nos comunicamos con nosotros mismos! Probablemente hablamos con nosotros mismos más que con cualquier otra persona en nuestras vidas. Podemos hacernos sentir muy bien… o muy mal.

¡Creamos nuestro mundo a través de los pensamientos! Así que dejemos de culpar a todos los que nos rodean. A través de la meditación, podemos cambiar nuestros procesos de pensamiento. No importa lo que alguien diga o quién sea. ¡Somos seres poderosos capaces de cambiar nuestra forma de pensar, cómo nos sentimos; no tiene nada que ver con los demás. ¡Todo está dentro de ti, en quién eres! Recuerda, cada persona ha creado y elegido el camino en el que está, con los desafíos y obstáculos de los que debe aprender. Enfrentar esos desafíos y obstáculos se vuelve fácil cuando dejamos que Dios y los seres celestiales se encarguen de la confusión y los problemas que nos rodean.

Ahora bien, si conectas y enfocas la mente y el cuerpo como uno solo, ¿ya no tendrás más problemas en tu vida? ¿Verdad? ¡Falso! Pero los problemas se volverán menores (ya no serán devastadores). Las cosas se volverán más ligeras y tu salud mejorará. Crecerás espiritual, física y emocionalmente. No solo serás más feliz, ¿sabes qué más? ¡Las personas a tu alrededor también! ¿Sabes por qué? Porque pueden sentir la ligereza, el cambio en tu energía. Ya no estás escondiéndote, en realidad estás sanando a quienes te rodean, vayas donde vayas.

Concéntrate en poner tu mente y tu cuerpo en el mismo lugar al mismo tiempo. Muy relajado(a), escúchate a ti mismo(a). Sigue tus instintos.

Dedica un tiempo a estar contigo cada día, aunque solo sean unos minutos.

Puede que abras esa puerta y descubras que en realidad… ¡te gustas!

Amarte o gustarte a ti mismo(a) son dos de las cosas más importantes que puedes hacer. Si no te amas, ¿cómo vas a amar a los demás? No puedes, es así de simple. Puedes orar todo lo que quieras, y puede que pienses que Dios no te escucha, pero sí lo hace. Está esperando que compartas Su amor por ti… amándote a ti mismo(a). Entonces, ¡ten cuidado! ¡Dios va a empezar a responder todas tus oraciones! Así que, ¡fíjate bien por qué estás orando… porque podrías recibirlo!

Ahora, vamos a hacer una limpieza y purificación de nosotros mismos. Vamos a deshacernos de la negatividad y la oscuridad que nos rodean.

Recuerda lo que dijo Shakespeare: "Sé fiel a ti mismo". ¡Qué aterrador! Pero piensa en lo maravilloso que esto podría ser.

¿Puedes darte el 100% a ti mismo? ¿Puedes dar el 100% al trabajo, a la familia y a los amigos? Mi respuesta es sí, ¡absolutamente! Al darte el 100% a ti mismo, se vuelve mucho más fácil dar ese mismo 100% a los demás. Pierdes todos los juicios y expectativas sobre los otros. Te será mucho más fácil ofrecer el 100% a quienes te rodean. Te volverás más receptivo(a) y los entenderás más profundamente. Sin embargo, primero debes comprenderte a ti mismo(a), tus acciones e incluso tus pensamientos. Siempre que empieces a decir "No puedo", cambiarás eso por "Acepto", o "Quiero", o "Simplemente es así". ¡Cambia los pensamientos negativos por positivos! Solo toma un momento.

Estás tomando el control al controlar y cambiar tus pensamientos, y tu percepción de ti mismo(a) y de los demás. Al hacerlo, estás tomando el control de quién eres. Puedes liberarte de la negatividad.

Dirige tu energía positiva utilizando meditación, reiki, equilibrio de chakras, quemando incienso y encendiendo velas.

Momento Metafísico de Rebecca

No tenemos que ser superestrellas
para brillar intensamente.

CAPÍTULO DOCE

Preparándose para la vida

Al prepararse para la vida, todo lo que uno puede ver puede parecer maravilloso. Tu casa, por ejemplo, con todos los pisos limpios y el cristal reluciente, te rodea de belleza.

Eso… hasta que abres un armario, un cajón o una alacena. ¡Ahí está todo el desorden oculto!

Entonces, ¿hacemos lo mismo con nosotros mismos? Hay una parte profunda, oscura y viscosa de nuestro ser que está completamente hecha un desastre. ¿Por qué? Porque estamos demasiado ocupados preparando la apariencia exterior para que se vea bien. No nos tomamos el tiempo para limpiar nuestro interior. Pensamos que si lo escondemos lo suficientemente bien, nadie lo sabrá jamás. ¡Error! Tú lo sabes… y el Espíritu también lo sabe.

La mayoría de las personas se siente tan sorprendida y horrorizada cuando abren esa puerta interior, que de inmediato la cierran con fuerza y tiran la llave, sin querer volver a entrar en su caos ni siquiera intentar limpiarlo.

Sin embargo, con el tiempo, el desorden comienza a deslizarse hacia otras áreas, arrastrando consigo esa apariencia "perfecta" y empieza a interferir. Enfermedades, dolencias, aumento de peso y hábitos poco saludables son solo algunas de las cosas que intentamos esconder. Así que, en algún momento, tenemos que entrar en aquello que hemos mantenido cerrado y limpiarlo realmente, purificarlo. Sería mucho más sencillo recoger y limpiar esas pequeñas cosas, una por una, y así evitar el desastre.

Ahora es el momento de llamar al equipo de limpieza: nuestro equipo divino, Dios y el reino angélico. Ha llegado el momento de una limpieza profunda, una sanación de la mente, el cuerpo y el espíritu. Cuando sanas uno, se activa una limpieza más profunda. Es como pelar una cebolla, capa por capa. A veces las capas son muy delgadas, muy frágiles. Debemos avanzar despacio y con suavidad para poder limpiarlo todo a fondo, dejando el interior tan reluciente como el exterior.

Entonces, ¿por dónde comenzar, si es que vas a comenzar? Por donde sea, de la forma que quieras. ¡Lo más importante es empezar!

Recomiendo que el primer paso sea la meditación, entrar en contacto contigo mismo(a) y con Dios. Reconéctate con el espíritu que habita en todos nosotros: nuestra fuente divina. Deja el teléfono, apaga la computadora, la televisión y todas tus demás distracciones; suelta todas las cosas terrenales. Medita al menos 15 minutos y siente la fuerza dentro de tu Espíritu de Dios. Sal de ti mismo mientras entras en ti, siente la unidad de tu ser con Dios, ¡tu Dios!

Lo primero y más difícil de hacer es confiar en ti mismo. La mayoría de las personas no confía en sí mismas. Les han dicho que no son dignas de confiar en sí mismas, y que solo deben confiar en lo que dice el hombre. ¡Error! Empieza a limpiar ese desorden confiando en ti. Si tu intuición —o Dios— te guía, ¡nunca te equivocarás! Dios no te desviará del camino, sino que te mostrará el camino.

Momento Metafísico de Rebecca

La belleza es una ilusión de la mente y un truco
de los ojos. La verdadera belleza se encuentra
en el corazón, pues ambos tienen valor.

CAPÍTULO TRECE

El diamante perfecto

La vida es como un diamante perfecto, uno que tiene una ligera falla o imperfección. Los expertos ven la falla que disminuye su valor, ¡olvidando el verdadero brillo y la belleza que opacan dicha imperfección! Todos podemos encontrar defectos. Deja de buscar fallas en las cosas. En su lugar, busca la luz y el resplandor que rodean esos defectos. ¡El diamante aún tiene un valor tremendo! ¡Sigue siendo un diamante hermoso!

Todos tenemos defectos, pero aún así poseemos una belleza y un valor inmensos. Así que no te subestimes por tener algunas fallas. No todos somos modelos perfectos. Porque la perfección es como el Espíritu nos creó, ¡sin importar nada más! Las fallas son una ilusión. Todo es diferente, y todo es perfecto a su manera. Acéptate y mírate como eres: Un verdadero milagro hecho a imagen de Dios.

La Biblia dice que muchos serán llamados, pero pocos serán escogidos. Nos dice que todos tenemos una elección. Podemos elegir si estaremos en otro mundo, si elegimos el Cielo con Dios, o si nos arrojamos al mal y a la oscuridad. La elección es nuestra. ¿Qué eliges hacer tú? Sopesa tus opciones y no esperes hasta que ya no tengas elección. ¿Por qué elegir el dolor y el sufrimiento (el infierno) en lugar del Cielo? ¿La oscuridad en vez de la luz? ¿Por qué seguir los pasos de otro y no crear tu propio mundo y dejar tu propia huella en la vida? ¡Granos de arena forman montañas! Entonces, ¿por qué no puedes abrir algo tan pequeño como la mente? Pensar por ti mismo es como mirar en un espejo de sabiduría. Abre el ojo de la mente para ver el todo, no solo una parte.

Eres parte de todo lo que existe. Cielo y Tierra, hombre y animal, todos los seres espirituales que están entre nosotros. Todo forma parte de la vida. Abre la conciencia para expandir tu realidad, para ampliar tu mundo, ya sea el Cielo o el infierno. La elección es tuya.

No sigas a los falsos profetas, cerrando tu mente a todas las cosas. Eso no es vivir, solo es existir. ¿Por qué desperdiciar un regalo tan precioso como la vida? No cierres tu mente a la elección.

Eso no es vivir como el Espíritu quiere que vivan Sus hijos. ¡Hay muchos maestros en la vida! La muerte es el fin de las viejas formas. El renacer es vivir en sintonía con el Espíritu, a través de ti mismo y de todo lo que nos rodea, haciéndonos sanos, completos y sabios más allá de nuestros sueños más salvajes.

Llevamos dentro de nosotros las siete velas de la vida, manteniendo nuestra energía abundante y permitiéndonos sentir la energía del universo y de la Tierra, llevándonos en un viaje celestial. Puedes hacerlo abriendo el ojo de la mente y el corazón, cumpliendo tu realidad al cambiar tu ser consciente.

La luz hace crecer todo sobre esta Tierra, todo lo que tiene belleza y es celestial. Si tus intenciones son puras, ¡entonces todo se vuelve puro! Tu mente debe ser controlada por ti, ¡y solo por ti! El hombre puede quitarte todo lo que tienes, pero no puede quitarte tus pensamientos. El Espíritu te dio tu mente, no el hombre. Así que dale vuelta a tu cerebro y comunícate con el Espíritu. Abre el lado derecho de tu cerebro y observa cómo el lado izquierdo comienza a enviar señales diferentes al cuerpo y a todo lo que te rodea.

Este es tu regalo de Dios, el Creador del Espíritu. El hombre es el "ladrón de espíritu", quien lo arranca y llena nuestras mentes de codicia, estrés y enfermedad. ¿Por qué? Porque sabemos más, y por eso la enfermedad se crea con fines de lucro. Cuando estamos en sintonía con nosotros mismos, creamos buena salud y una conexión amorosa con todas las cosas, tal como el Espíritu lo quiso. Puedes sanarte a ti mismo cambiando tu alimentación, eligiendo conscientemente abundancia saludable en lugar de enfermedad, felicidad en lugar de tristeza.

Existen 100 razones para no hacer algo, pero solo necesitas una para hacerlo y tener éxito, ya sea que busques un matrimonio feliz, un negocio próspero o bienestar físico, emocional y espiritual. Podemos lograr lo que queramos, ¡solo necesitamos una razón! Las otras 100 razones desaparecen al instante en que esa única razón entra en la mente.

La elección es tuya.

Momento Metafísico de Rebecca

Si los demás vienen a buscarte, ¿dónde estarás?

CAPÍTULO CATORCE

Marte acercándose a la Tierra

El 27 de agosto de 2003, mientras escribía originalmente este capítulo, Marte alcanzó su punto más cercano a la Tierra en casi 60,000 años. Mucha atención mediática se centró en este evento celestial; sin embargo, algo aún más grande estaba ocurriendo y no recibió la misma atención, aunque sí sucedió: un cambio de conciencia que aún continúa hoy.

Al permanecer en tu luz, verás que las estrellas son simplemente estrellas. Ahora, cuando digo esto, sí, ellas marcan el camino al cielo, pero el cielo está a nuestro alrededor. La Tierra es un cuerpo celestial creado para serlo. Nos han guiado al Cielo, a mirar hacia arriba con la cabeza y no con el corazón. Al abrir tu corazón, realmente puedes ver a Dios, el Ser Supremo. ¡Puedes sentir lo celestial! Estarás rodeado por el Cielo y por Dios y por la presencia de todo lo que Él nos proporciona. Conocerás lo desconocido.

Sin embargo, el cambio de conciencia interior cobra su precio en algunos. La luz cambiará de rojo a verde, permitiéndonos ver que todo es posible. No todo lo que hay en la mente es bueno. Algunos literalmente enloquecerán, y otros elegirán morir, sin comprender que el alma nunca muere. No habrán completado su vida aquí, pero abandonarán la Tierra buscando una resurrección que no llegará a quienes se van con su propósito inconcluso. Si no abres tu corazón a todas las cosas y a todas las personas, entonces habrás entregado tu vida. No habrá significado en vivir cuando el corazón no puede ver, ni comprensión de la vida ni de su propósito.

Cuanto mayor es el cambio de conciencia, más brillante es la luz. Te iluminarás y serás hermano de las estrellas celestiales. Sentirás la presencia de Dios y de los Ángeles. Sanarás y sentirás paz; ¡verás todas las cosas de manera diferente! Hablarás y actuarás de forma diferente. En ese momento, podrás actuar. La acción será ponerte de pie con firmeza; convertirte en el maestro y el líder... ¡el líder de tu propia vida! Al hacerlo, estarás enseñando a otros a mirar dentro de sus propios corazones y a sentir el amor que los rodea.

No tienes que seguir lo que alguien más diga que está bien o mal, solo lo que tu corazón y tu interior te indiquen. Nunca te equivocarás, porque no hay errores: solo lecciones que aprender. Todo está como debe estar según las leyes de Dios. El hombre es quien ve la Tierra como un infierno y no como un lugar celestial. ¿Por qué? Porque el hombre la ha convertido en un infierno al no abrir su corazón, al no usar una mente brillante, al escuchar y creer a otros que supuestamente "saben", aquellos llamados "líderes", y al no abrir su conciencia ni su mente, al no escucharse a sí mismo.

¡El mundo se encuentra en una gran confusión religiosa! Los sistemas de creencias están muriendo. ¿Por qué? ¡Porque no hemos escuchado a Dios; hemos escuchado al hombre! No podemos —repito— no podemos crecer hasta que abramos nuestros corazones y dejemos que el cambio de conciencia fluya y nos lleve de regreso a nuestro ser divino. Al hacerlo, entramos en un lugar celestial aquí en la Tierra. Nuestros problemas se disipan; el amor nos consume. Un amor nuevo y diferente, entendiendo mejor a nosotros mismos y a los demás, parados sobre tierra firme, en lugar de arrastrarnos una y otra vez fuera del lodo o las arenas movedizas de la vida diaria.

Al hacer estos cambios en la conciencia, el velo se levanta y vemos la belleza en todas las cosas; vemos la luz interior de Dios y se abren nuestros canales directos. Entonces, la Tierra y la vida diaria se vuelven celestiales.

Así que, mira dentro de tu corazón, abre tu mente a tu yo interior y siente el calor y el amor que sientes por todas las cosas. El amor y la presencia de Dios te llenarán, y ya no necesitarás mirar a las estrellas para encontrar el Cielo. Sentirás el Cielo que todos llevamos dentro. Entonces habrás permitido que la conciencia cambie, y un gran cambio te sanará. Este cambio te sanará a ti y a quienes te rodean, haciendo la vida maravillosa en lugar de simplemente soportable.

Una limpieza del espíritu tendrá lugar, un sentimiento de nunca estar solo, de no tener miedo, de no hacer lo que no debes hacer. Porque verás las cosas de manera diferente; tu forma de hablar cambiará, porque tu mente cambiará su forma de pensar. En ese momento, ¡te sentirás seguro! Te conectarás verdaderamente con Dios, el Dios que vive dentro de ti. ¿Y sabes qué? ¡Todas estas cosas están ocurriendo ahora mismo, aquí en esta Tierra celestial, hoy, en este momento! La elección es tuya, amigo mío.

Dios no solo creó los Cielos y la Tierra; ¡creó una extensión del Cielo en este lugar que llamamos Tierra!

El hombre es quien está arruinando esta Tierra, no Dios. El hombre es quien nos lleva a pensar de una determinada manera, a ser de una determinada forma, no Dios. Vivimos y habitamos en el patio de juegos de Dios. ¿Actuamos como hijos de Dios? No. Contaminamos el aire y el agua, creamos guerras innecesarias. Destruimos la tierra, nuestros hogares, y lo peor de todo: destruimos nuestras mentes. Todo en nombre del "progreso". Recuerda, todos somos hijos de Dios, ¡viviendo en el patio de juegos de Dios!

Al cambiar tu conciencia, puedes cambiar todo lo anterior. Mira, y verás. Mira dentro de ti y verás a una persona maravillosa.

¡TÚ!

Momento Metafísico de Rebecca

Busca tu libertad y fortaleza en la naturaleza; ella
te proporciona todo lo que necesitas en esta vida.

CAPÍTULO QUINCE

El poder de todas las criaturas

Al estar muy conectada con la Tierra y la Madre Naturaleza, obtengo gran parte de mi energía y fortaleza de los animales. Tú también puedes hacer lo mismo.

Los caballos, por ejemplo, pueden brindarte paz y permitirte volar mientras te mantienen con los pies en la tierra. En cierto sentido, meditas mientras montas, enfocando la mente y el cuerpo en una sola cosa: el adiestramiento de un caballo joven. Te hacen sentir verdaderamente libre mientras ejercitas tu cuerpo. La libertad es algo maravilloso: tener el control total de una criatura tan poderosa y hermosa, dejando atrás todas las preocupaciones, el estrés y las presiones de la vida diaria. Te sentirás como flotando en una nube mientras cabalgas sobre un ser majestuoso.

Los caballos dependen completamente de nuestro cuidado y atención. Cada uno se apega a quien lo cuida. Haber enseñado y entrenado caballos durante tantos años no solo me ha mostrado cuán nobles, bien educados y amorosos son, sino que también me ha enseñado más sobre el amor y a no tenerle miedo a nada. Los caballos te permiten profundizar dentro de ti mismo. Fortalecen tu confianza y te elevan a un nuevo nivel de autoestima.

Cuando se trabaja con animales, un solo error puede costarte caro, especialmente si se trata de animales grandes y fuertes. Hay que tener paciencia y conocimiento; ninguna de las dos cosas se obtiene de la noche a la mañana, y el proceso no puede apresurarse. Requiere tiempo desarrollar y aprender tu método de entrenamiento.

En mi tierra ancestral tengo muchos animales más pequeños, incluyendo mis queridos pastores alemanes, que confían plenamente en todo lo que hago. Amorosos y protectores, fieles y leales hasta el final, son suaves y cuidadosos con todo en sus vidas. No solo con sus dueños, sino también con sus crías. Cada uno tiene su propia personalidad y expresiones: algunos dulces, otros temperamentales, y algunos hasta un poco agresivos. Comprender el mundo animal me ayuda a fortalecer y comprender mejor el mundo humano.

Los animales son un símbolo muy poderoso de libertad y amor, pero ninguno lo representa tanto como los ciervos que vagan por los bosques y praderas. A medida que se acerca el otoño, sus colores cambian: del manchado de los cervatillos al tono más oscuro y grisáceo típico, adoptando los colores del bosque como forma de protección. Son, verdaderamente, las criaturas más gráciles de toda la creación de Dios.

Momento Metafísico de Rebecca

¿De quién estás siguiendo las leyes?
¿Del hombre o de Dios?

CAPÍTULO DIECISÉIS

Las leyes

Las leyes de la iglesia están cambiando; sin embargo, las leyes del Espíritu no han cambiado en 10,000 años. Dios estableció las reglas, nos envió la mente y la capacidad para desempeñar nuestro papel en la vida espiritual. El hombre ha sido codicioso y ha cambiado las leyes, apartándose del plan original de Dios. Fuimos creados como seres pensantes, hechos a imagen de Dios (Espíritu). No hemos escuchado a Dios ni a nuestro interior, sino al ego del hombre, siendo controlados y consumidos por un poder que no es más grande que nosotros, y que ciertamente nunca será tan grande como Dios ni como su plan.

Solo Dios puede partir los mares y caminar sobre el agua. El hombre no puede, a menos que sea la voluntad de Dios.

Un espíritu amoroso y un corazón puro son lo único que se necesita para elevarnos a un lugar más celestial y sereno, un lugar donde fluye el amor. El perdón se da libremente, sin castigos de una vida o muerte horrenda, porque la muerte es parte de la vida misma, diseñada para mostrarnos que podemos vivir en armonía con la Tierra y sus seres. ¡Dios nos concede esto y todo lo que deseamos en la vida!

El Espíritu de Dios es el único que debe tener el control de la Tierra y de todas las cosas sobre ella, ¡no el hombre!

No fuimos puestos en este mundo para jugar a "seguir al líder" con una religión o un hombre en particular.

¡No fuimos creados para que nos manipularan la mente personas que dicen lo que está bien o mal!

No estamos aquí para escuchar al hombre ni para temerle a Dios, especialmente a través de un hombre detrás de un púlpito diciéndonos que temamos a lo desconocido, que temamos a Dios.

¡Qué equivocados están!

El Espíritu es verdadero con nosotros y es un Dios amoroso. Todos podemos verlo si abrimos nuestras mentes y corazones, si nos conectamos con nuestro verdadero ser, con el Dios que vive en cada uno de nosotros.

¡ALELUYA!

Dios está vivo y camina con nosotros cada día, nos protege por las noches y nos guía de regreso a casa al final de nuestro tiempo, enviando a los Ángeles para que nos orienten. ¡Qué maravilloso!

Es el hombre quien corrompe nuestras vidas y hace las leyes para su propia conveniencia.

"¡Juega según mis reglas o lárgate de la mesa!" Eso es lo que te dirá el hombre, no el Dios del Espíritu.

Dios nos ha dado la elección de estar en la luz, no de acurrucarnos con miedo en las masas de hombres en la oscuridad.

Nuestras vidas deberían tener un propósito claro. Debemos estar rodeados de pensamientos puros y amor.

Sin embargo, el hombre dice que debemos amar al hombre y seguirlo a él, y su gente usa a Dios como una figura temible y poderosa que jamás veremos… ¡a menos que sigamos todas las leyes del hombre!

¡PATRAÑAS!

Lo que Dios quiere es que sigas tu corazón, que te mantengas en tu propio camino sin ser arrastrado por el codicioso y el santurrón.

Sé consciente de quién eres, no de quién alguien te dice que eres.

Cuando alguien te dice que espera que hagas esto o aquello, te está juzgando.

Solo Dios puede juzgarte, no el hombre. ¡Solo Dios, el Ser Supremo!

Dios nos creó, nos ama y cuida de nuestro bienestar. Recuerda: Dios es el verdadero sanador, no el hombre.

Nuestro regalo de regreso a Dios es confiar y tener fe en el espíritu, seguir nuestros propios corazones y escuchar a nuestro ser interior.

Al hacerlo, estamos siguiendo a Dios, porque todo lo que Él nos pide es amor. Él proveerá el resto.

Nuestras vidas serán abundantes y ricas, más allá de la de cualquier hombre que acumule oro y plata.

El velo está abierto, ¿por qué no atravesarlo y ver lo celestial que puede ser la Tierra?

Nos rodea una nueva dimensión, pero en vez de mirarla, encendemos la televisión para ver lo que llamamos "las noticias del día".

¿Y cuál es la verdadera noticia del día?

Sigue tu luz interior y mira hacia dónde te guía.

Donde las noticias realmente importan es en la Nueva Dimensión.

Solo… no dejes que alguien te diga que "eso" es lo que debes hacer.

Descúbrelo por ti mismo.

Siguiendo a Dios encontrarás al verdadero guía en todas las cosas, a alguien que realmente te comprende y te mostrará el camino hacia el amor y la sanación de tu ser.

Un simple momento de oración sincera es todo lo que se necesita para encontrar la verdadera conexión con Dios y con Sus leyes.

Suelta la definición dictatorial del hombre sobre lo que está bien y lo que está mal.

Adhiérete a lo que verdaderamente son las leyes y a la manera de vivir en armonía con todas las cosas en esta Tierra y este universo.

Esto se llama:

¡EL PODER DE DIOS!

Él está llamando… ¿acaso no vas a responder?

¡El mensaje ha sido entregado!
La elección es únicamente tuya.
No de nadie más.

Momento Metafísico de Rebecca

Disfruta de esta Tierra celestial y del universo, llenos
de maravillas y milagros de las estrellas. Y sobre
todo, párate en tu montaña y disfruta de ser tú.

CAPÍTULO DIECISIETE

Cambios de energía

Hoy en día estamos experimentando muchos cambios de energía. Es un tiempo para despertar a quienes han estado dormidos, para abrir la mente y el corazón y pararse sobre tierra firme en la presencia de Dios, para abrir verdaderamente los ojos a todas las cosas que los rodean en este palacio que llamamos Tierra. Es una Tierra celestial la que encontrarán, que los envuelve y los espera cuando miran y despiertan el ojo interior. Verán verdaderamente quiénes son, hacia dónde van y el todo de las cosas, no solo en este mundo, sino también en el próximo.

La completitud está aquí; y podemos sentir la presencia y el amor de Dios a través de la realización de nosotros mismos, abriendo la mente y el corazón, viendo con el ojo interior, y simplemente disfrutando de quiénes somos realmente a través de nuestra fuente divina llamada Espíritu.

Así que deja que la lluvia y la verdadera purificación de todas las cosas comiencen, a través de la pureza de la Tierra y del universo. Ambos son celestiales. Despierta tu mente y tu cuerpo del sueño en el que has estado. Disfruta del mañana a través de la presencia de Dios y del espíritu del amor.

Derriba los tabernáculos del hombre y reconstruye la fe otorgada en todas las cosas por nuestro Señor Jesucristo. Porque Él vendrá pronto nuevamente para guiarnos verdaderamente a casa, a la Nueva Jerusalén. Nos esperan maravillas. Los milagros serán cosa común, y tú acabas de experimentar uno a través del Espíritu. Extiende tu copa de fe, no importa cuán pequeña o vacía esté. Pronto comenzará a rebosar con posibilidades maravillosas para ti; todo a través del amor y la fe.

No olvides ser agradecido por todas las cosas en la vida, sean buenas o malas. Celebra las lecciones que aprendes. El coraje está en otro día. Ten fe, y mañana será un día hermoso. Así como cambian las estaciones, sentirás el cambio dentro de ti y la renovación del cuerpo, la mente y el espíritu. Recuerda: tú eres el portador de las siete velas dentro de ti. Mantén la llama brillando intensamente a través de todos los tiempos, porque el espíritu que llevas nunca muere.

REBECCA J. STEIGER

Momento Metafísico de Rebecca

La Tierra cambia de estación como
el hombre cambia de ropa.

CAPÍTULO DIECIOCHO

Cambios en la Tierra: Cómo afectan los cambios en tu vida

Los mares se están dividiendo y cambiando de curso, como todo en la vida. El cambio es un fenómeno natural, y sin embargo, es aquello que más temen los seres humanos. Algunos cambios son buenos y otros no tanto, pero puedes estar seguro de que el cambio ocurrirá. Las bendiciones son regalos; los cambios no tan buenos son lecciones. Aprender de las lecciones es también una bendición.

La experiencia de crecimiento es aceptar los cambios en nuestra vida para poder aceptar los desafíos y transformar las lecciones.

Todo lo que Dios te da es una bendición.

Ábrete y entra en la luz del cambio, avanzando y elevándote por encima de aquellos que todavía están en un bote de dolor.

Cumple tu propósito en esta Tierra Celestial abriendo tu mente y tu corazón, aceptando todo lo que eres y todo lo que puedes ser.

Una persona poderosa es aquella que ve el cambio como algo bueno, sin importar cómo se vea al principio, construyendo su propio castillo y su propio mundo. Por eso se nos llama individuos. Por eso no somos todos iguales. Por eso Dios nos dio mente y libre albedrío. Lo que hagas con tu mente y las decisiones que tomes depende de ti. Tú decides si es bueno o malo.

Sal del bote del dolor y mírate como un ser poderoso. Toma decisiones con la cabeza y con el corazón. Vive en este reino celestial llamado Tierra. No seas una copia más, siguiendo a todos los demás. Sé tú mismo sin miedo a ser juzgado o a ser diferente, porque ¿sabes qué? ¡Tú ya eres diferente a todos los demás! Por eso se nos llama individuos.

Al volverte egoísta, te vuelves generoso.

Al cuidarte a ti mismo y tus decisiones, al mantenerte firme en ellas, te será más fácil dar y ayudar a los demás sin resentimientos, sin verlo como una tarea o un deber.

Reserva tiempo para ti y comparte tiempo de calidad con los demás.

Debes trabajar según tu propio reloj, no el de los demás. Todos tenemos un trabajo que hacer.

Crea un espacio feliz donde trabajar. Abre tu mente y libera tu corazón llenándolo de amor. No tengas remordimientos y aprende las lecciones.

Cuenta tus muchos dones y bendiciones cada día.

Primero, agradece a Dios por quien eres y pregúntale en quién quieres convertirte en esta Tierra y en esta vida. Trabaja para convertirte en una persona verdaderamente libre, dejando atrás el estrés y la presión de la vida cotidiana a través del ser poderoso que ya eres.

Suelta los bloqueos mentales como la preocupación o el juicio hacia otros. Son solo gusanos en la mente, ocupando un espacio valioso.

Usa ese espacio para limpiar, centrarte y escuchar a tu corazón y a tu ser interior, que te dirá lo que debes hacer. Esto te ayudará a tomar decisiones claras y precisas.

Todos sentimos dolor y pérdida en nuestras vidas.

El dolor te recuerda que estás vivo.

Recuerda esto, incluso si no recuerdas nada más; te permitirá vivir de verdad.

La elección es tuya.

Deja de permitir que otros tomen tus decisiones.

Cuando sueltes y dejes de ser una persona necesitada, te volverás más poderoso, y comprenderás que muchas cosas y situaciones dejarán de ser importantes.

Se abrirá y despejará tu camino en la vida a través de los ojos de Dios, no los del hombre.

El miedo a vivir desaparecerá, y tu viaje se convertirá en una aventura maravillosa, guiándote hacia la luz de lo desconocido.

Porque todo en la vida es desconocido.

No cuestiones el porqué; simplemente acepta las respuestas: tus respuestas, tu mente y tu corazón.

No dependas de que otros te den su corazón; no todos los humanos pueden ver.

Muchos están verdaderamente cegados por el miedo a lo desconocido y congelados en el tiempo y el espacio.

Da el primer paso y pronto correrás libremente, disfrutando cada momento de la vida… que es exactamente lo que se suponía que debíamos hacer en esta Tierra celestial que Dios ha creado para nosotros.

Al hacer el trabajo, recibes las recompensas que la vida tiene para ofrecer.

Al recibir abundancia y sentirte merecedor de ella, te conviertes en abundancia.

Al soltar, en realidad estás abriendo puertas en tu vida que nunca imaginaste.

Recuerda: Dios te dio la vida, así que comienza a vivirla y a sentirla.

Te habrás sanado verdaderamente a ti mismo a través del amor de Dios y el amor por ti mismo.

Cada día se nos presenta un mundo lleno de posibilidades.

Elige una y observa a dónde te lleva.

La elección es tuya. Tu vida no le pertenece a nadie más, solo a ti.

A veces, hay que cerrar una puerta antes de poder abrir otra.

Al cerrar la puerta al dolor y al sufrimiento, abrirás la puerta del amor y la paz; la alegría llegará a tu vida y tu vida se volverá emocionante.

Cierra la puerta al desafío y abre la puerta al éxito.

Lo haces tomando las decisiones correctas, centrándote y creando el escenario para el éxito, creando un mundo maravilloso y llenando tu vida de infinitas posibilidades.

No te preocupes por cómo lo vas a hacer. ¡Solo hazlo!

Usa herramientas simples como la oración, la meditación, el ejercicio o el yoga. Luego toma un baño o mira la lluvia caer.

¿Qué más fácil puede ser que simplemente ser tú, vivir la vida y jugar en esta Tierra?

Sé capaz de sentir la alegría y la risa que llenan nuestros corazones, sanándonos a nosotros mismos y a los demás a través del amor del Espíritu, el Ser Supremo que nos creó a Su imagen y nos conectó con un propósito superior más allá del miedo.

Al mostrar bondad, recibimos bondad.

Al mostrar amor, recibimos amor.

¡La risa es contagiosa!

Canta los salmos y deja que la risa del amor se extienda por el universo, aterrizando donde más se necesita.

Sal del bote, cierra las puertas y siente todo lo que la vida tiene para ofrecerte.

Enciende tus motores para una vida mejor y más saludable —una vida hecha para ti, porque eres un individuo.

¡Disfruta! Tu vida te está esperando.

La muerte se sienta en nuestras puertas esperando, pero al vivir y disfrutar la vida, realmente eludimos a la muerte. La engañamos, porque estamos verdaderamente vivos y nuestras almas nunca mueren, simplemente cambiamos de ropa.

Nos convertimos en otra forma de vida.

Simplemente vamos a casa por un tiempo y vivimos en el espacio de Dios, evolucionando y transformando nuestro espíritu sin abandonar este mundo por completo, sino flotando sobre la Tierra en otro espacio y tiempo donde no existe el tiempo;

un espacio de amor consciente, un espacio de sanación y aprendizaje.

Debemos ganarnos el derecho a estar allí, aceptando y reconociendo quiénes somos aquí.

El amor de Dios es incondicional; no tiene límites.

El hombre es quien puso los límites.

Cuenta las estrellas y mírate en ellas. Porque todos somos estrellas.

Evolucionamos en un plano terrenal y buscamos arriba o a nuestro alrededor orientación.

Pero la verdadera guía viene desde dentro, de quiénes somos y no de lo que otro ser humano nos dice que seamos.

Su poder y conocimiento no son mayores que los de nuestro Dios, quien tiene el único conocimiento supremo para compartir con nosotros.

Él escucha todos nuestros pensamientos, oraciones y palabras.

Así que, ten cuidado con lo que piensas, por lo que oras o lo que dices.

Él te escucha… y siempre responderá. Incluso cuando pienses que no lo hace, sí lo hace.

La única forma de cambiar tu vida y crecer… es por ti mismo.

Tus pensamientos, tus oraciones, tus palabras; y todo puede lograrse aceptándote a ti mismo y tu conexión con el Espíritu.

Todo lo que necesitas es estar dispuesto a abrirte y aceptar los cambios que deseas hacer,

los cambios internos.

Recuerda: la elección es tuya.

Mira dentro de ti para encontrar la respuesta y crear un mundo hermoso, sin importar lo que otros vean.

Tú puedes ver lo que realmente te rodea.

Vivimos en la Tierra en muchos mundos diferentes.

Algunos viven en un mundo de pobreza, otros en un mundo de desesperanza… la lista continúa.

¿Por qué no hacer de tu mundo un mundo de luz, paz, alegría y risa?

¡Humanos, salgan del bote y sean lo que realmente pueden ser!

Al ir hacia adentro, sanamos el exterior.

No solo damos de nosotros, sino que otros vendrán a darnos a nosotros también.

Momento Metafísico de Rebecca

Yo soy tu corazón, yo soy tu mente.
Yo soy tu visión, yo soy tu luz
para seguir en esta vida.

CAPÍTULO
DIECINUEVE

La llegada de Cristo

(Canalizado a través de los Ángeles:
Azul, Dorado, Rojo y Plateado)

Una estrella fugaz en la noche trajo consigo el sonido de la llegada de Jesús, junto con los mugidos de los animales, el balido de las ovejas y una luz que iluminó la noche como si fuera de día. Muchos hombres llegaron desde tierras lejanas, viajando sobre arenas del desierto, sintiéndose temerosos y humildes ante la presencia de un pequeño bebé.

¡Jesús había llegado desde el cielo, descendido a la Tierra para experimentar el nacimiento, la vida y la muerte; para vivir y tocar a todas las personas desde la infancia hasta la adultez!

Envuelto en toallas, recostado en un pesebre, tan joven y aun así tocó la mente, el cuerpo y el espíritu de hombres adultos. En el momento de su nacimiento, los mares se abrieron, arrojando peces a las redes de los pescadores, y comenzó una gran fiesta. Los ángeles escucharon el coro, lo cantaron y descendieron a celebrar con los hombres que trajeron oro, incienso y mirra.

Todos y todo escucharon el júbilo y supieron que el verdadero rey entre los hombres había llegado, para guiarlos a la presencia, el amor y la compasión de Dios por todas las cosas, ¡incluyéndose a sí mismos!

Muchas canciones, como "¡Escuchen! Los ángeles mensajeros cantan" (Hark! The Herald Angels Sing), han salido de la mente humana, inspiradas por los coros celestiales en lo alto.

No importa cómo ni dónde celebres la Navidad, siempre que la celebres por el verdadero nacimiento de la vida.

Cristo fue el primero en renacer y mostrarle al mundo, en aquella noche maravillosa, que toda la humanidad es amada por Dios; que somos tocados por Dios y por nuestro ser divino.

Aunque todos somos humanos, vivimos a imagen de Dios; Dios vive en nuestros corazones, mentes y espíritus.

Todo lo que tenemos que hacer es observar las luces navideñas que nos rodean y recordar que cuando una estrella cayó, un nuevo comienzo tuvo lugar.

Un mundo nuevo y maravilloso cobró vida con la llegada del niño Jesús: nuevas expectativas, alegría, amor y comprensión hacia nuestro prójimo.

La hueste celestial vino a nosotros trayendo un regalo tan especial, un regalo de amor enviado desde el cielo.

¡Amén! Eso nos da el valor para seguir adelante.

Aquí tienes algunas ideas para la Navidad:

- Cuelga un bastón de caramelo y dáselo a tu organización benéfica favorita.
- Decora el árbol, brindando amor y sanación a otros mientras lo haces.
- Descubre el verdadero significado de compartir, al dar y recibir.
- Equilibra tus fiestas con pasión, amor, diversión y buena salud.
- Recibe el Año Nuevo con verdadero espíritu.

Momento Metafísico de Rebecca

Disfruta del ajetreo y el bullicio de las
fiestas. Durante esta época del año, observa
a los pequeños Ángeles en esta Tierra.

CAPÍTULO VEINTE

La luz y el amor de la Navidad

Ahora es el momento de mirar hacia los Cielos y sentir la luz y el amor del universo y del Espíritu. Al mirar hacia arriba y sentir la presencia de Dios y el amor universal, también estás sintiendo el regalo del amor dentro de ti. La calidez y el amor —no el odio, la ira, la pena o el dolor— son lo que hace que el mundo siga girando. Porque, cuando sientes la presencia suprema de Dios, te das cuenta de que nunca estás solo. Estar solo es solo un estado mental. Mira a tu alrededor, da un paseo y siente la presencia de la naturaleza, siente la presencia del reino angélico, las maravillas del sol y las estrellas. Siente el amor y la alegría que te rodean. Escucha a los pájaros, a los animales y a todo el universo. Escucha los susurros del viento.

Eres una creación sagrada, un regalo del amor de Dios, no solo un momento de pasión. Sin embargo, todos deberíamos sentir pasión por las cosas que nos rodean.

Permanece conectado a esta Tierra, porque ella nos eleva hacia nuestro reino celestial y nos lleva más alto en nuestro plano espiritual.

Ahora es el momento de continuar el camino y reflexionar sobre la vida de Jesús, nuestro Señor, para sentir verdaderamente el amor que nos traen Dios y el Cielo. Disfruta de las maravillas de todas las criaturas de Dios para superar ese estado mental de soledad; para dejar de estar inconscientes de quiénes somos y de cómo estamos conectados con todas las cosas en esta Tierra, y para sentirnos alegres y abundantes. Conéctate con tu ser espiritual a través del verdadero sentimiento y conocimiento del amor.

Sé apasionado por ello. Sé apasionado por la vida.

Elevémonos a un plano superior de gloria y revelación.

María viajó sobre un burro para recibir un regalo inesperado de amor formado por una estrella de energía: Jesús, quien llegó inesperadamente, trayendo a este mundo esperanza, amor y alegría.

Permaneció en esta Tierra para sanar a los afligidos y a los que sufrían; curó a los ciegos para que pudieran ver, a los cojos para que pudieran caminar, partió las aguas y nos purificó. ¿Cómo?

Dándonos conocimiento a través del amor, un regalo de vida que compartió.

Ahora, comparte tus regalos y recibe la abundancia y el conocimiento; recibe de otros el regalo del amor.

Desde ahora, tu vida te está esperando.

Comienza este momento entero y renovado con amor y sana, no solo a ti mismo, sino también a quienes te rodean en esta Tierra celestial.

Sintiéndote sanar, hacia la grandeza irás por medio del amor divino y la sanación suprema.

La sanación a través del maestro: Tú mismo.

El regalo y la conexión están allí,

solo tienes que estar dispuesto y abierto a recibir el don del amor sanador a través de ti mismo.

Permite que tu yo divino sea tocado por la sanación suprema del amor de Dios.

Entonces, tú también renacerás a través de Cristo y recibirás el regalo supremo de la abundancia.

Feliz Navidad a todos los hijos únicos de Dios.

Bienvenidos al poder sanador del ser durante la temporada navideña.

Amor, el Amor de Dios.

Momento Metafísico de Rebecca

Abre tu mente y tu espíritu a un reino
de nuevas posibilidades y oportunidades
de resurrección y renacimiento.

CAPÍTULO VEINTIUNO

Viernes Santo y Pascua

Oh gran Espíritu, sé que he estado corriendo en esta Tierra celestial, tratando de seguir el ritmo de las masas en la vida cotidiana, tratando de cumplir una tarea para la cual me siento sin preparación, escuchando a los hombres condenándose a sí mismos y a todos los demás, sin escuchar lo que Dios está diciendo ni vivir una vida de bien para toda la humanidad.

Viernes Santo, el día de los milagros y de la muerte, la crucifixión de nuestro Señor Jesús, es cuando celebramos el milagro de la resurrección (renacimiento), algo que todos tenemos la oportunidad de experimentar. A través de la crucifixión de Jesús, Él nos purificó y también se purificó a sí mismo. A través de la resurrección o el renacimiento, volvió a ser completo. Permitió no solo a Él, sino a toda la humanidad vivir y dejar atrás la ira, el miedo y las luchas por una tierra que realmente no nos pertenece.

Esta Tierra, que Dios creó para el hombre, es un lugar de aprendizaje. Es un lugar de amor, no de odio; un refugio seguro para el hombre.

El hombre recibió la capacidad de pensar y controlar sus pensamientos, pero ha recreado un infierno al destruir y controlar los pensamientos de otros. Dios está cansado de cuidar a un rebaño de incrédulos, aquellos que no aman, que viven siempre con miedo y que escuchan al hombre, pero no a Dios Todopoderoso.

Nos creó para una vida con propósito, no para ser controlados por otros, ni para vivir encerrados con miedo hacia nuestro más preciado guardián: Dios.

Corremos y corremos, pero ¿hacia qué? ¿Lo sabemos siquiera? ¿Nos detenemos a pensar en lo maravilloso que sería sanar nuestras vidas? Estamos destruyendo nuestra tierra, nuestras aguas y nuestro planeta. ¿Por qué? Porque vivimos en la ignorancia, escuchando al hombre y no a nuestro Dios, el Creador Supremo de todo.

Ese no era el plan de Dios. Por eso murió Jesús: para ayudarnos a comprender que esta Tierra es un lugar celestial y que no existe la muerte, solo un camino recorrido hacia un hogar celestial de paz, luz y amor, donde renacemos y donde Dios sigue reinando.

Dios no es una entidad, es el Ser Supremo en forma espiritual, quien TODO lo sabe. El hombre no lo sabe todo. Tropieza en la oscuridad diciendo que es superior, que tiene conocimiento, que es justo. Ningún hombre puede caminar y hablar en los zapatos de Dios. El hombre se perdería en las huellas de Dios.

El hombre no lo honra, le teme como si fuera un castigo. Eso no debe ser así. ¿Cómo puede alguien temer a un Ser Supremo tan amoroso y perdonador?

Los ángeles son nuestros guías y nos rodean todo el tiempo, junto con nuestros seres queridos que se han ido antes que nosotros. Sé que esto es verdad. Cuando el hombre dice que no puedes ver a los ángeles, yo no estoy de acuerdo, porque yo los he visto. Yo he visto a nuestros seres queridos que nos cuidan.

Abre tu mente y corazón, regocíjate en la vida y vívela al máximo, porque Dios se enfurece con el hombre que lo rechaza, que se queda sentado en la cerca y no puede ver.

Las mareas se levantarán y se estrellarán, los cielos se abrirán y llorarán de dolor, vendrán gases y la Tierra se abrirá; todo esto consumirá al hombre que tiene miedo, que odia y que no cree en el renacimiento. Caerán edificios, el dinero desaparecerá y los hogares se esfumarán.

¿Estás listo para amar a Dios? ¿Estás listo para confiar en Él? ¿Estás listo para dejar que Dios te guíe hacia una Tierra más hermosa, donde todos seremos iguales?

El anticristo ya está aquí, entre nosotros, pero también lo están Jesús y sus discípulos, los Ángeles del cielo y la presencia de Dios. Solo tienes que abrir tus ojos y tu corazón para ver verdaderamente.

No dejes que otros te digan cómo vivir o cómo ser. Sé tú mismo y descubrirás qué persona tan maravillosa eres. El renacimiento es la limpieza del cuerpo, la mente y el espíritu, volviéndote completo otra vez para sentir el amor y la alegría de Dios.

Las flores volverán a florecer en la primavera de la vida, sin importar tu edad, si lo permites.

Soy solo una persona, pero basta uno para abrir las aguas de la vida y cruzar hacia una nueva y mejor existencia en este patio de juegos celestial llamado Tierra.

Ama esta Tierra y este universo. Baila sobre ella, porque nos fue dada libremente para protegerla, amarla y celebrarla. Nuestra tarea es aprender a vivir aquí.

El cielo no está tan lejos si te quitas los zapatos y lo sientes bajo tus pies.

Las palabras y acciones han destruido al hombre y la Tierra, no Dios.

Ora y regocíjate en este día y en esta vida.

Deja de cometer el pecado de la destrucción motivada por la avaricia, el odio y el miedo.

Sí, los terroristas están aquí. Pero ¿qué somos nosotros en un país, en un mundo sin amor?

Nos auto-terrorizamos al adoptar los pensamientos del hombre, dejando que el mal cruce nuestras fronteras sin resistencia. Nuestra economía se derrumbará. Ya no tendremos la misma existencia.

Nuestros valores dejarán de estar centrados en lo material y se enfocarán en la supervivencia y en confiar en que Dios proveerá. Salgamos de nuestras cajas, ayudémonos y amémonos, no odiemos ni temamos.

Porque el miedo y la ira se han vuelto nuestros compañeros constantes.

Te aferras a tu muleta para quedarte en la caja y en la oscuridad, y así evitar la luz.

Hoy te digo que camines y trabajes en armonía.

No seas mártir, vive una existencia verdaderamente libre en lugar de simplemente existir sin una vida.

No tengo miedo, aunque sea tentada.

Estoy guiada por Dios para hacer Su obra, sanando a aquellos que veo, toco y amo.

Ven hoy, el día de la muerte y el renacimiento, y únete a Dios y al reino Angélico dedicándote nuevamente al amor y a la sabiduría de Dios y su vida eterna.

Donde sea que estés, aprende las lecciones de la vida.

Aprende verdaderamente las leyes y los caminos de Dios conectándote con Él y obrando a través de Él.

De lo contrario, todo se te perderá y tu vida nunca tendrá un verdadero propósito. Solo tú, como ser humano, puedes hacerlo.

Yo no puedo hacerlo por ti. Todo depende de ti.

No seas un títere del hombre. Deja de escuchar al anticristo.

Dirige tus intenciones hacia tu interior y escucha a tu ser divino.

Sí, el terror y los terroristas están aquí y caminan entre nosotros en muchas formas, pero la supervivencia siempre está en sus mentes porque los hombres de guerra temen al más allá.

Podemos vencerlos mostrando nuestro poder, manteniéndonos firmes en nuestra creencia de que el hombre no puede hacernos daño. ¡Dios puede salvarnos! ¡Amén!

Abre tu puerta a tu vecino, porque él vive en la ignorancia y en la pobreza mental.

Permite que vea el resplandor de tu luz en tu puerta, donde se encuentra un Ángel iluminando, ayudando y sanando a quien llega.

Entonces las armas de destrucción caerán. Nos uniremos, y Dios nos guiará hacia una tierra abundante, una tierra de leche y miel y libre de conflictos.

Ven, ¿no quieres hoy abrir tu puerta a la vida?

Yo no dicto la Biblia. En muchos sentidos, es verdadera.

No te digo dónde ni cómo adorar, solo que tengas en cuenta que a veces el hombre intentará guiarte por el camino equivocado.

Decide tú qué camino es el correcto, y mediante la oración y la meditación, nunca te equivocarás.

No puedes alejarte de Dios cuando te abres de verdad a Él y le entregas tu corazón.

¿Quién sabe? Tal vez veas al Ángel de pie en tu puerta.

Háblale y reconócelo, porque él es el mensajero de Dios para ti en este planeta llamado Tierra, un hogar que Dios te ha provisto, un lugar celestial para habitar.

Es como despertar de una larga siesta.

Te sentirás renovado, calmado, y la paz estará contigo.

Entonces todo será como debe ser.

Momento Metafísico de Rebecca

Si pones el pie en el estribo de la vida,
más vale que estés listo para cabalgar.

CAPÍTULO VEINTIDÓS

Control y codicia

He conocido mafiosos y predicadores. Con algunos de ellos, no puedo notar la diferencia. Ambos son controladores y codiciosos. ¡La mayoría de la humanidad lo es!

Uno te quita la vida matando el cuerpo, el otro matando el espíritu y la mente.

¿Es uno mejor que el otro?

Dios tiene el control de la mente, el cuerpo y el espíritu.

Entonces, ¿por qué no entregas el tuyo al Espíritu?

No juzgues, para que no seas juzgado.

Es como conducir un coche. Una vez que estás al volante, tienes el control y es tu responsabilidad mantenerte en tu carril.

Tienes un 99% de posibilidades de chocar y de herir no solo a ti mismo, sino también a otros.

Incluso, alguien puede morir. Claro, existe ese 1% de posibilidad de que todo esté bien.

¿Estás dispuesto a correr ese riesgo?

Lo que quiero decir es que está bien perder el control, siempre y cuando sea el Espíritu quien conduzca el automóvil de tu vida.

Entonces, podrás ir a cualquier parte —libre, sin accidentes.

¿El camino se vuelve accidentado? Sí.

Puede tener obstáculos, desvíos y muchas curvas.

Pero si Dios está al volante, la vida se vuelve más fácil y feliz.

Las curvas y los baches ya no serán problema, porque estarás volando en las Alas de la Luz.

¿Sabes qué?

¡Puedes volver a tener esperanza, a soñar y a vivir la vida plenamente!

Cuando el hombre nos controla, tomamos cada vez más medicamentos para sentirnos mejor.

Tomamos un estimulante para empezar el día, pastillas antes de comer para el estómago y la digestión, píldoras por la tarde para aguantar la jornada, una copa o dos después del trabajo para relajarnos.

Incluso tomamos un sedante antes de dormir porque probablemente no descansaremos después del día que hemos tenido.

¡La vida no debería ser tan difícil!

¿Dónde está la cura?

No existe.

Aparece la depresión, tenemos cambios de humor y la vida se vuelve insoportable. No puedes funcionar ni en el trabajo, ni en casa, ni en ningún otro lado.

El hombre te dice qué hacer y cómo actuar.

Empiezas a seguir a otros como corderos al matadero.

Tu salud falla y tu apariencia personal desaparece.

No sabes quién eres ni a dónde acudir.

Ahora es el momento de sanarte a ti mismo a través del amor, la luz y la sanación, combinando mente, cuerpo y espíritu simplemente al reconectarte con quién eres, con tu conexión a Dios y a la Madre Tierra, tomando control de los hilos de tu propia vida y comprendiendo que todo lo que has hecho te ha llevado al lugar en el que estás.

Eres un ser poderoso, un individuo pensante y viviente que no tiene que ser como todos los demás, que tiene la luz del amor en sus manos y que nunca está solo en esta Tierra.

El equilibrio es la clave.

Equilibra los sistemas de energía (chakras) en tu cuerpo, abre tu espíritu mediante la meditación (otra forma de oración) y mantén vivo y saludable tu espíritu.

Yo lo llamo una dosis diaria de Espíritu-Dios.

Bébelo y siente la liberación; siente el amor y la alegría.

Mira hacia lo desconocido y quién sabe lo que puedas encontrar.

Tal vez descubras que te gustas, que amas a tu Dios y que te sientes mejor físicamente.

¡Puedes pensar por ti mismo y tomar tus propias decisiones!

Algunos pondrán excusas. Algunos morirán sin haber conocido la alegría de vivir.

No seas uno de aquellos sin alma que te impulse hacia adelante, porque TÚ permitiste que alguien te la robara.

No te pierdas la alegría de vivir, de viajar, de ver, de comunicarte, de sentir el poder y de vivir TU propia vida.

Momento Metafísico de Rebecca

Ser guiado por el hombre es como leer una fábula.
Ser guiado por Dios te permite alcanzar las estrellas.

CAPÍTULO VEINTITRÉS

Los clubes campestres
de las religions

La "iglesia" fue fundada por Jesucristo como una organización terrenal formal para establecer una comunidad de fe y amor para todos, como un lugar de encuentro y para compartir creencias en familia.

¡No fue fundada para ser un exclusivo "club campestre"!

Cuando una iglesia tiene que aprobar a un miembro, está mal.

Cuando tienes que llevar una copia de tu declaración de impuestos al ministro y a su junta antes de que puedas convertirte en miembro, eso está muy mal.

Si eres aceptado en la congregación, usualmente se te exige diezmar, o como ellos lo dirán, dar hasta el 10% de tus ingresos antes de que puedas participar en actividades oficiales de la iglesia.

¡Hay personas que incluso han puesto sus casas y propiedades como garantía para ser aceptadas!

¿Es esto un préstamo que estás obteniendo de una iglesia?

¿Realmente deseas tanto unirte a una iglesia como para sacrificar todo lo que tienes?

Sé que las iglesias deben mantener sus instalaciones. Tienen cuentas de servicios públicos, además de que los ministros deben recibir un salario.

Pero ¿cuánto realmente tienen que ganar?

¿Cuánto están dispuestos a quitarles a los demás para su beneficio personal?

Conozco personas que firmaron contratos, tuvieron pérdidas financieras y terminaron perdiendo sus hogares a manos de la iglesia.

La iglesia no solo se quedó con sus propiedades, sino que también los borró del registro de miembros. ¡Literalmente los expulsaron de la iglesia y de sus casas!

Esto es un acto contra Dios y contra la verdadera religión.

No soy una persona religiosa en cuanto a religión organizada.

Soy una persona espiritual.

Crecí dentro de una "familia de iglesia", pero nunca acepté todo lo que me decían.

¡Nunca he creído en el miedo!

¿Por qué temer a un ser tan amoroso como Dios?

¿Realmente crees que Dios no querría que tu iglesia fuera amorosa y compasiva?

¿Crees que Dios quiere que pierdas o entregues tu vida a la "iglesia"? ¡A los hombres!

¿Por qué el predicador, que debe ser un profeta de Dios, vive como un rey?

Con un traje caro, zapatos de cocodrilo hechos a mano y conduciendo un auto lujoso.

¡Eso está tan mal!

El dinero no te comprará un lugar en el Cielo. Solo te romperá en esta vida y te dejará con culpa.

No digo que no vayas a la iglesia.

Lo que digo es: no te unas a una iglesia solo para ser aceptado socialmente, porque en ese momento estarás entrando a un "club campestre".

Si una iglesia no te acepta como eres y no toma lo que estás dispuesto a ofrecer, entonces es hora de buscar en otro lado.

Cualquier iglesia donde tengas que "agasajar" al predicador antes de ser aceptado es ridícula.

Ese sería un club que te juzga por raza, género, ingresos y codicia.

También, si no puedes tomar la comunión hasta que pagues o seas aprobado, ve a otra parte.

¿Acaso Cristo exigió "membresía" a quienes les ofrecía comunión? ¡No!

Piensa en cuando Cristo alimentó, sin excluir a nadie, con unos pocos peces y panes que dio libremente.

Cuando te unes a una iglesia y escuchas atentamente los sermones, estás recibiendo su interpretación de la Biblia —la palabra del Ser Supremo.

Te dicen que vivas conforme a lo que el hombre te dice, según las leyes del hombre, no las de Dios.

El hombre te dice que temas a Dios, que hagas lo que él dice, o estás condenado.

¡Patrañas!

Si escuchas y te abres a Dios, descubrirás que el amor y la comprensión del espíritu te llevarán donde necesitas estar, no el hombre.

Sé que hay personas que necesitan de la religión y de la iglesia en su vida.

No estoy en contra de todas las iglesias.

Estoy en contra de aquellas que te juzgan antes de que siquiera te unas.

Todos quieren pertenecer.

Todos buscan aceptación en la vida.

Me parece maravilloso reunirse y celebrar el amor de Dios.

Lo que no puedo aceptar es que alguien pase hambre, pierda su casa o vacíe su cuenta bancaria para llenar los cofres de un solo hombre.

Creo que, si decides ir a la iglesia, da lo que puedas y aprende todo lo que puedas.

Disfruta ser parte de una familia de iglesia.

No deberías tener preocupaciones cuando estás en tu casa espiritual.

No estoy en contra de los clubes campestres.

Son un gran lugar para socializar, compartir con amigos y hacer cosas que te hagan sonreír.

En un club campestre, sabes el costo desde el principio y sabes que necesitas ser aprobado.

Los evangelistas de la televisión son peores que las "iglesias club campestre".

Haz una donación de $10 y recibirás una bendición de ellos personalmente, junto con un bonito marcador de libros, bendecido por ellos.

Por solo $300, podrías recibir su audiolibro. ¡Esto realmente me revuelve el estómago!

Si quieres ser bendecido, ve dentro de ti mismo y verás que Dios ya te ha bendecido.

Estás bendecido cada día en esta vida, todo lo que tienes que hacer es pedirlo.

Busca dentro de ti tus bendiciones.

No deberías tener que pagarle a nadie por una bendición.

Nuevamente: no estoy en contra de las iglesias ni de la religión.

Estoy en contra de los falsos profetas que te juzgan y usan el miedo para mantenerte cautivo.

Usan el miedo, no el amor.

Tantas iglesias te dicen que solo hay unos pocos ángeles.

¡Eso es falso!

Hay miles de Ángeles.

Cuando las iglesias limitan las capacidades de los Ángeles, crean una gran división entre Dios y tú.

No creo en una religión de peaje para llenar los bolsillos del predicador.

¡Eso no debería existir!

REBECCA J. STEIGER

Momento Metafísico de Rebecca

El hombre puede resurgir de las cenizas
del engaño y la desinformación. Escucha
tus pensamientos interiores.

CAPÍTULO VEINTICUATRO

Falsos profetas

l crecer dentro de nosotros mismos, comenzamos entonces a crecer también hacia afuera.

¡No sigas al falso profeta!

Hay muchos allá afuera que afirman mostrarte el camino —el camino a través del miedo— y que Dios es una terrible ira si no obedeces.

¿Obedecer qué? ¿Las leyes del hombre o las leyes de Dios?

Al abrir tu conciencia, tu realidad cambia y Dios interviene. Entonces sabrás qué quiere Dios de ti.

Él no te pide nada más que tu amor, a cambio del regalo de la vida, del amor y de la mente.

El resto depende de ti.

Difunde la palabra a través de tu luz y tu energía sanadora.

Eso es obedecer a Dios Espíritu: tener confianza en lo desconocido de Dios.

Hablar con lo desconocido de Dios es conocer a Dios y cumplir con lo que Él desea.

Simplemente abre tu conciencia, lo cual a su vez abrirá tu corazón y te llevará a un lugar celestial aquí en la Tierra, amando todas las cosas y a todas las personas, incluso a ti mismo.

Los falsos profetas van a enseñarte a volverte estrecho en tu forma de pensar, llevándote a temer la presencia de Dios:

¡Su ira, Su juicio!

¿Cuántos hombres más vas a dejar que bloqueen tu camino en esta vida? ¿En tu mente?

Usa tu mente y esa sensación en las entrañas que te dice que algo no está bien.

¡Entonces, generalmente no lo está!

Escucha lo que se te está diciendo.

Escucha lo que el falso profeta NO está diciendo.

Cuando comienzas a escuchar de verdad, los obstáculos desaparecen y tu realidad se transforma, llevándote a un nivel más alto de realización en tu propia vida.

La Tierra no cambiará hasta que el hombre cambie su forma de pensar, porque el pensamiento y la mente son las fuerzas que impiden que el hombre y el mundo evolucionen.

Transforma tu infierno en cielo cambiando tu realidad a través del pensamiento.

Eres quien realmente quieres ser, así que sé tú mismo.

Toca tu espíritu y abre tu mente a todas las cosas que te rodean, reuniendo lo que necesitas para tu realización.

Esto te convertirá en un ganador en todas las cosas.

Solo entonces la vida será realmente la vida que estaba destinada a ser.

Así que, cambia tu conciencia para expandir tu realidad, para ampliar tu mundo.

Sea celestial o infernal, la elección fue tuya, no de un falso profeta que está cerrando tu mente a las opciones.

Esto no es vivir como Dios quiere que vivan Sus hijos.

La muerte puede ser solo el fin de los viejos caminos;

la vida es vivir enfocado en Dios y en el Reino Espiritual.

Todo lo que has creado da forma a un mundo nuevo y maravilloso, lleno de paz, amor y alegría desde el corazón.

Tu realidad consciente ha cambiado de oscuridad a luz, de desesperación a un mundo mágico lleno de maravillas.

La oscuridad no puede crecer; solo la luz crece dentro del alma humana.

La luz hace crecer todas las cosas sobre esta Tierra, todo lo que es celestial.

Si tus intenciones son puras, entonces todo se vuelve puro.

¡Voces celestiales en lo alto, cuánto sentimos su paz y amor!

¡Y cómo se regocijan cuando sienten tu amor, un amor puro desde el corazón!

Porque tienes la verdadera conexión de mente, cuerpo y espíritu.

Disfruta la libertad de esta vida en paz sobre esta Tierra celestial.

Momento Metafísico de Rebecca

Liberar los poderes de un individuo libera
la libertad que hay en su interior.

CAPÍTULO VEINTICINCO

La Tierra – La nueva Meca

En marzo de 2012, una amiga que también canaliza me llamó para pedirme que canalizara información para ella.

Lo que vi fue que se acerca una devastación total, que algo está reingresando a los cielos y a la Tierra en una bola de fuego ardiente.

¿Lluvias de meteoritos?

El suministro de alimentos será retirado para muchos.

Vendrán trastornos cósmicos y colapsos.

Este será el inicio de la Nueva Tierra, una purificación total de la Tierra y de sus habitantes.

Vi lo que parecía ser la colisión de dos estrellas.

Júpiter entrará en erupción (o algo similar), haciendo que este planeta se vuelva muy caliente, muy parecido a un desierto, especialmente en el oeste de Estados Unidos durante los meses finales del verano.

Después, un clima inusual en el sur medio disminuirá las temperaturas creando un efecto otoñal.

Lo que debes recordar es que la Tierra (el mundo) sigue girando.

Un tercio de Estados Unidos, a lo largo de la costa este —incluyendo Nueva York, Pennsylvania, Nueva Inglaterra, New Hampshire, Maryland y Washington— será arrasado por una masa de agua aterradora.

El Este, el este será la nueva Meca.

El tránsito en esas zonas se detendrá.

Las redes eléctricas aguantarán por ahora, pero tendrán que ser modificadas.

Esto ocurrirá una y otra vez.

Las arenas se están desplazando, el agua está reclamando la Tierra como alguna vez fue y como debe ser.

¡No construyas tu casa sobre la arena, será destruida!

Estamos regresando a los antiguos modos de vida.

Habrá menos tierra, más agua y la supervivencia del más apto.

Las energías vibratorias aumentarán más que nunca, atravesando el velo para ayudar a otros a cruzar rápidamente tocando la mano de Dios y de Jesucristo, de una manera distinta y más personal.

Mientras aún estamos sobre esta Tierra, cada vez más personas están viendo y siendo tocadas por Jesús, haciéndoles saber que Él sigue realmente vivo.

Una prueba real se avecina en octubre de 2013 (finales de 2013), cuando una gran tormenta (posiblemente una tormenta de meteoritos) derribará las redes eléctricas.

Más agua inundará aún más la tierra, empujando literalmente a las personas a terrenos más altos.

Esto sucederá para que el hombre aprenda a vivir en comunidad, compartir y convivir en armonía.

¿Habrá luchas entre clanes? ¡Sí!

Sin embargo, debido a la apertura de la nueva energía, los clanes tendrán que dejar de lado sus diferencias y colaborar, si quieren sobrevivir, descubriendo que una comunidad de ayuda es mejor que una de celos y amargura del corazón.

El juicio aún existirá, pero será en un nivel más bajo, sin destrozar completamente las vidas de todos.

Las nevadas y las heladas serán intensas en Estados Unidos, especialmente en el norte, el medio oeste y el noreste.

Asimismo, las Rocallosas recibirán grandes cantidades de nieve.

La Tierra necesita nitrógeno para reponer y nutrir el suelo.

El núcleo de la Tierra se está calentando demasiado, debido a todos los residuos y químicos que han sido arrojados y enterrados bajo su superficie.

¡El tiempo está cambiando y se agota!

¡Aprovecha cada día al máximo!